马克思主义简明读本

中国现代化历程

丛书主编：韩喜平

本书著者：孔德生　齐朝霞

编　委　会：韩喜平　邵彦敏　吴宏政
　　　　　　王为全　罗克全　张中国
　　　　　　王　颖　石　英　里光年

吉林出版集团股份有限公司

图书在版编目（CIP）数据

中国现代化历程 / 孔德生, 齐朝霞著. -- 长春 : 吉林出版集团股份有限公司, 2014.3（2021.2重印）
（马克思主义简明读本）

ISBN 978-7-5534-4081-1

Ⅰ. ①中… Ⅱ. ①孔… ②齐… Ⅲ. ①现代化建设—研究—中国 Ⅳ. ①D61

中国版本图书馆CIP数据核字（2014）第051745号

中国现代化历程
ZHONGGUO XIANDAIHUA LICHENG

丛书主编：	韩喜平
本书著者：	孔德生　齐朝霞
项目策划：	周海英　耿　宏
项目负责：	周海英　耿　宏　宫志伟
责任编辑：	陈　曲
出　　版：	吉林出版集团股份有限公司
发　　行：	吉林出版集团社科图书有限公司
电　　话：	0431-81629720
印　　刷：	永清县晔盛亚胶印有限公司
开　　本：	710mm×960mm　1/16
字　　数：	100千字
印　　张：	12
版　　次：	2014年4月第1版
印　　次：	2021年2月第4次印刷
书　　号：	ISBN 978-7-5534-4081-1
定　　价：	36.00元

如发现印装质量问题，影响阅读，请与出版方联系调换。

序　言

习近平总书记指出，青年最富有朝气、最富有梦想，青年兴则国家兴，青年强则国家强。青年是民族的未来，"中国梦"是我们的，更是青年一代的，实现中华民族伟大复兴的"中国梦"需要依靠广大青年的不断努力。

要提高青年人的理论素养。理论是科学化、系统化、观念化的复杂知识体系，也是认识问题、分析问题、解决问题的思想方法和工作方法。青年正处于世界观、方法论形成的关键时期，特别是在知识爆炸、文化快餐消费盛行的今天，如果能够静下心来学习一点理论知识，对于提高他们分析问题、辨别是非的能力有着很大的帮助。

要提高青年人的政治理论素养。青年是祖国的未来，是社会主义的建设者和接班人。党的十八大报告指出，回首近代以来中国波澜壮阔的历史，展望中华民族充满希望的未来，我们得出一个坚定的结论——实现中华民族伟大复兴，必须坚定不移地走中国特色社会主义道路。要建立青年人对中国特色社会主义的道路自信、理论自信、制度自信，就必须要对他们进行马克思主义理论教育，特别是中国特色社会主义理论体系教育。

要提高青年人的创新能力。创新是推动民族进步和社会发展的不竭动力，培养青年人的创新能力是全社会的重要职责。但创新从来都是继承与发展的统一，它需要知识的积淀，需要理论素养的提升。马克思主义理论是人类社会最为重大的理论创新，系统地学习马克思主义理论有助于青年人创新能力的提升。

要培养青年人的远大志向。"一个民族只有拥有那些关注天空的人，这个民族才有希望。如果一个民族只是关心眼下脚下的事情，这个民族是没有未来的。"马克思主义是关注人类自由与解放的理论，是胸怀世界、关注人类的理论，青年人志存高远，奋发有为，应该学会用马克思主义理论武装自己，胸怀世界，关注人类。

正是基于以上几点考虑，我们编写了这套《马克思主义简明读本》系列丛书，以便更全面地展示马克思主义理论基础知识。希望青年朋友们通过学习，能够切实收到成效。

韩喜平

2013年8月

目　录

第一章　近代中国现代化的艰难起步 / 001

第一节　清王朝走向衰败 / 001

第二节　列强入侵与中国沉沦 / 004

第三节　早期救国探索与现代化机遇丧失 / 012

第二章　中国共产党的现代化蓝图 / 023

第一节　中国革命的艰辛历程 / 023

第二节　新民主主义到社会主义的社会发展战略 / 034

第三节　现代化奋斗目标的战略构想 / 044

第三章　社会主义制度确立与现代化建设曲折探索 / 069

第一节　开启中国历史新纪元 / 069

第二节　"一化三改"与社会主义制度确立 / 073

第三节　中国社会主义建设的曲折发展 / 082

第四章　历史转折与现代化建设新局面开创 / 090

  第一节　历史的伟大转折 / 090

  第二节　改革开放的起步 / 101

  第三节　改革开放和现代化建设新局面的全面开创 / 110

第五章　现代化建设的跨世纪发展 / 131

  第一节　沉着应对国内国际复杂局势 / 131

  第二节　破浪前行 / 133

  第三节　中国特色社会主义的世纪扬帆 / 140

第六章　现代化建设在新历史起点上的成功推进 / 155

  第一节　全面建设小康社会 / 155

  第二节　打造核心竞争力 / 161

  第三节　树立良好国家形象 / 165

  第四节　民生建设令百姓受益 / 170

第七章　致力实现"中国梦" / 180

第一章　近代中国现代化的艰难起步

第一节　清王朝走向衰败

中华民族具有五千多年的悠久历史，中国是世界上少有的历史文化从未间断过的文明古国。在漫长的历史长河中，勤劳勇敢的中国人民曾创造过彪炳全球的光辉历史和灿烂文化，在世界历史上放射出炫目迷人的光彩，在人类文化史上涉下辉煌的足迹。灿烂的中华文明，特别是造纸术、印刷术、火药、指南针四大发明，对人类社会发展作出了不可磨灭的贡献。四大发明、万里长城、丝绸之路、汉唐文明曾吸引了无数海外学者到中国留学，中国成为当时文明的象征。中国对世界文明的进步和发展贡献多多，在某种程度上推进了世界现代化的步伐。但是，中国这种文化优势在近代社会却悲壮地衰落了。当历史的脚步进入18世纪时，西方资本主义已经产生并发展，而中国却仍处于封建社会的晚期。随着西方殖民主义势力的对外扩张，古老的中国遇到了空前严峻的挑战，面临着极其深刻的生存危机。三千年未遇之大变局即将到来，也由此拉开了实现中华民族伟大复兴历史的大幕。

然而，面对世界性近代化、现代化的潮流，中国的现代化脚步姗姗来迟。西方社会从18世纪的工业革命开始就已踏上了现代化的历程，而中国直到19世纪中叶，西方人用现代化大炮炸开了天朝的大门，使中国沦落为一个半殖民地半封建社会之后，我们才产生了历史危机感，才明白了现代化对我们来说已不是洋人的罗曼蒂克，而是一个民族生存的保障。于是，中国的仁人志士才开始了探索中国的现代化之路，也才真正地拉开了中国现代化的帷幕。

那么，是什么原因使中国发展之履迈得如此艰难？又是什么原因使当时中国的先进分子在现代化道路的探索中一次次夭折？让我们随着世纪回眸的镜头，去寻找它的答案。

无论是西欧还是俄国、德国、日本，当现代化启动之时，就出现了一个强大的王权式中央政府，它有力地促进了统一市场的形成和民族国家的新生。而18世纪时的清王朝还是一个主权独立之国，正处于"康乾盛世"的鼎盛时期。社会秩序安定，经济繁荣，文化昌盛。多民族国家的统一得到加强，基本奠定了现代中国的版图，整个国家处于中央集权的有效控制之下。而且，当时中西文化交往频繁，西方的商人、传教士、外交使者纷纷带来了西方的天文知识、地球图、钟表、仪器、火炮等科学技术，在这些科学技术的幕后已蕴含了西方社会的大变革。这本是中国现代化启动的最好时机。然而，由于清政府没有读懂西方传来的科学技术所蕴藏着的巨大变化，陶醉于"中央王国"、"天朝上国"、"中国即天下"的梦幻之中，没有及早地看清世界形势与潮流而固步自封。西方传来的科学技术只在宫庭中当作玩物，对统治阶级没有产生任何影响。首席军机大臣和珅对"欧洲新发明的日多一日"不屑一顾，执掌国家军事的福康安则认为欧洲新式火器操练法"看亦可，不看亦可。这火器操练法，量来没有什么希罕"。就这样，清政府坐失良机，白白丧失了中国转型与发展的大好时机。

清王朝统治时期，虽然也曾有过"康乾盛世"，但从二千多年的封建历程来看，它已处于封建社会的暮年时期。封建社会晚期的政治、经济、文化等诸多国情已严重阻碍了中国向近代社会的转变。正当中国封建社会日趋保守衰落时，西方各国则陆续告别中世纪而进入了近代资本主义社会。一个落后了，成为弱者；一个进步了，成为强者。正是在这种中西局势力量对比越来越不利的情况下，中国进入了近代。

第二节　列强入侵与中国沉沦

19世纪中叶，英国已经基本上完成工业革命，成为世界资本主义最强大的国家，并竭力扩张世界市场、掠夺殖民地。英国为了获取暴利，改变对华贸易长期的入超状态，这个号称"日不落"的殖民大帝国居然在对华贸易中使用了一种特殊商品——鸦片，以此从中国掠走了3亿至4亿银元。英国的鸦片走私不仅造成了中国的白银大量外流和财政危机，加重了劳动人民的负担，而且直接毒害了中国人民的身体和精神。马克思曾经愤怒地谴责，"非法的鸦片贸易年年靠摧残人命和败坏道德来填满英国国库"。对此，1839年6月3日，林则徐在广东虎门进行销毁收缴鸦片的行动。禁烟措施完全是维护国家利益和民族尊严的正义行为。但是，英国政府却借口中国禁烟损害其外贸收入，发动了侵华战争。

1840年6月，英国侵华舰队入侵中国，封锁了珠江海口和广东海面，并继续北上。此后两年中，清政府屡战屡败，最终被迫议和。在这场从海上而来的鸦片战争中，清政府败下阵来，并签署了以割让香港岛、赔款2100万两白银等为主要内容的《南京条约》，记录了中华民族在西方殖民者的枪炮逼迫下所遭受的屈辱。鸦片战争打开了中国的门户，不仅使一些领土被割让出去，还让西方殖民主义者在中国内部强占租界。鸦片战争成为中国近代史的起点，中国历史的发展自此发生了重大转折，开始沦为半殖民地半封建社会。

随着西方殖民主义者入侵中国及其与中国封建势力相勾结而给中华民族带来苦难的加深，中国人民不断兴起反抗的浪潮。从1842年到1850年，全国各地的农民起义达到百次以上。1851年，反抗清政府统治和西方列强入侵的太平天国起义爆发。这场农民起义不仅颁布《天朝田亩制度》，确立了平均分配土地的方案，极大地动摇了清王朝的根基，而且还提出了中国近代史上第一个较为系统的发展资本主义的方案——《资政新篇》。然而，这场历时14年的农民起义却被中外反动势力联合起来残酷地镇压了。

疯狂的殖民主义扩张没有给清王朝喘息的机会。第一次鸦片战争结束14年后，危机再次从海上袭来，英法联军发动了侵略中国的第二次鸦片战争。1860年10月18日，侵入北京的英法联军，抢劫并焚毁了清朝皇帝的离宫圆明园。强盗们燃起的大火在中国人的记忆中烙下了深深的伤痕，也焚毁了中国士大夫心头虚幻的"上国尊严"。

1894年，中国的近邻、后发的西方帝国主义国家、觊觎中国已久的日本，趁着中国的藩国朝鲜爆发东学党起义之机，在丰岛海面对中国援朝运兵船只发动突然袭击，中日甲午战争爆发。号称亚洲第一的北洋水师未能御敌于海上，这支在洋务运动中装备起来的舰队最终全军覆没，中国陆军更是一败再败。

面对深重的民族危机，1899年至1900年，中国大地上又爆发了一场规模浩大的反帝爱国的义和团运动。义和团运动的迅猛发展使帝国主义列强异常惊恐。1900年5月28日，奥、英、法、德、意、日、俄、美八国正式决定，联合调兵入京镇压义和团，随即发动了罪恶的侵华战争。在20世纪的第一年即1901年，八国联军侵入北京城。一时间，中国的首都插着8个国家的旗帜。1901年9月7日，清政府与11国签订《辛丑条约》，赔款4亿5000万两白银，相当于当年清政府财政收入的5倍，并规定列强可以在北京使馆区和北京周围12处重要位置驻军。

从1840年鸦片战争至此，清政府的战争赔款总数高达7亿2450万两白银，帝国主义列强强迫中国政府签订的各种不平等条约、条款等，总数达几百个之多。清王朝已经完全沦为一个对内阻碍经济社会发展、对外不能捍卫国家主权的腐朽没落的政府。《辛丑条约》签订之后，中国的半殖民地半封建社会正式形成了，当时清政府也被看作是洋人的朝廷，民族危机严重至极。

中国是在被西方异族的现代化坚船利炮的打击下，一步步地沦为半殖民地半封建社会的。它既不是完全的封建主义社会，也不是发达的资本主义社会，而是在帝国主义和本国封建主义联合压榨下所形成的畸形的半殖民地半封建社会。这个社会不是人类社会发展过程中所必须经过的社会形态，而是一种特殊的社会形态，是在政治、经济、文化、军事上受帝国主义国家控制而又保持形式上或名义上的独立自主的社会，是帝国主义侵略的产物。由于半殖民地半封建社会的形成，使近代中国社会的国情发生扭曲，严重地打上了半殖民地半封建的烙印，呈现出复杂性和特殊性。

从经济上讲，这一社会既有封建主义经济，又有资本主义经济，还有大量的个体经济，而以封建主义经济占主体地位。在资本主义经济中，既有帝国主义资本，又有民族资本，还有买办性官僚资本，而以帝国主义资本占垄断地位。生产力水平低下，经济发展很不平衡。

第一，帝国主义列强操纵着中国经济命脉，控制着中国的财政、金融和外贸。列强凭借着不平等条约所获得的"特权"，尽情地榨取和吮吸中华膏脂。中华五千年积累的社会财富几乎被洗劫一空，亿万中国人民的血汗几乎被榨尽吸干，一个曾经为人类文明作出过巨大贡献的东方巨龙，竟被迫害得断肢残臂，使中国的经济变得更加枯竭。

第二，中国封建自然经济虽然因遭受侵略而开始解体，但封建剥削制度在中国的经济生活中依然占据优势，并对整个社会生活、政治生活和精神生活产生重要影响。中国的民族资本主义虽然有了某些发展，并在中国政治的、文化的生活中起了颇大的作用，但是，始终没有成为中国经济的主要形式。

第三，官僚买办资本与帝国主义相勾结，成为垄断中国经济命脉、搜刮中国人民、压抑民族资本发展的又一大社会经济支柱。

第四，生产力水平低下，经济发展不平衡。列强疯狂地霸占中国土地，野蛮地贩卖中国的人口，惊人地勒索中国的"赔款"，粗暴地抢占中国的市场，贪婪地攫取中国的资源，残忍地奴役中国的劳力，鲸吞蚕食，敲骨吸髓，造成了中国人民长期的贫困，造成了中国社会的极端落后。

半殖民地半封建的中国社会，经济发展在地区、城乡、部门之间极端不平衡。这是帝国主义长期侵略掠夺的产物，是殖民地半殖民地的畸形经济，是近代中国现代化道路上的桎梏，只有利于外国资本主义的对华掠夺，而不利于中国自身经济的健康发展。

从政治上讲，半殖民地半封建的中国长期处于许多帝国主义国家统治或半统治之下的长期不统一状态。不平等条约成为套在中国人民脖子上的沉重枷锁，主权丧失，形成"国中之国"、"权中之权"。帝国主义与封建势力相勾结，残酷地镇压中国人民的进步运动，中国人民完全没有独立与民主。

自1840年英国侵略者用大炮打开中国大门后，世界上几乎所有的大大小小帝国主义国家都侵略过我们。由于中国被几个、几十个大大小小的外国殖民主义、帝国主义国家所侵略，也由于帝国主义国家之间的争夺，再加上中国人民的反抗，使得帝国主义列强始终没有把中国变成由其独占的殖民地。于是，他们与中国封建统治阶级相勾结，间接地控制中国。正是由于中国长期受到多个帝国主义国家的间接统治，中国的统治阶级又分别依附于不同帝国主义国家为靠山，因此，近代中国社会处于长期不统一状态，政治发展极不平衡。

半殖民地半封建的中国是一个主权已经大部分丧失，实质上已经成为依附于外国帝国主义的殖民地，只不过在形式上还表现为一个主权独立的国家。领土主权是一个独立国家最基本的条件，一个国家的领土被割占是这个国家独立受到严重破坏的重要标志。而帝国主义凭借强加给中国人民头上的不平等条约，割走了中国1/6的土地。不仅如此，他们还在中国其余的领土划分势力范围；沙俄强占旅顺和大连湾，并逐步把东北全境作为它的势力范围；德国强占胶州湾，并把山东变为它的势力范围；日本强迫清政府同意不把福建及其沿海出让给其他国家，使福建成为日本的势力范围；英国先后强迫清政府租借了九龙半岛和威海卫，同时迫使清政府宣布不把长江流域各省割让他国，使长江流域、西藏和广东、云南的一部分成了英国的势力范围；法国强租广州湾及其附近水面，从而把云南和两广的大部分地区变成了它的势力范围。中国最富庶的地区尽落列强之手，资本主义列强除了在中国占领土地、划分势力范围外，还通过一次次不平等条约，在中国增设通商口岸。帝国主义列强在通商口岸强行设立"国中之国"的租界四十余处，租界中有一套完全独立于中国之外的行政和法律系统，不受中国政府管制，甚至还能凌驾于中国政府之上作威作福。

帝国主义列强除了割让、霸占中国领地之外，还通过一系列不平等条约和片面最惠国待遇，在中国攫取了领事裁判权、关税自主权、内河航行权、掠夺华工权、驻军权、传教权、办学权、办报权等一系列特权。甚至还颁布了一条永远禁止中国人民反帝斗争权的法令。这样，中国的政治、军事、文化等各方面完全被帝国主义所操纵和控制，帝国主义成为中国的"太上皇"。帝国主义列强正是依恃这种特权，使近代中国成为西方资本家的乐园。

帝国主义列强为了达到永远控制中国的目的，还和中国封建统治者相勾结。在半殖民地半封建的中国，掌握国家政权的开始是以清王朝为代表的封建贵族专政，这是一个"洋人的朝庭"，仰帝国主义的鼻息而苟延残喘。清政府垮台之后，先是一段有名无实的中华民国，之后便是以袁世凯为首的北洋军阀的反动政权，最后是以蒋介石为首的官僚资产阶级和封建地主阶级的联合统治。以上中国历届反动政府不仅都保留着中国历史上两千多年的封建专制主义的统治，而且都具有"洋人朝庭"的基本特征，他们屈服于帝国主义侵略势力，并成为帝国主义侵略中国的工具，疯狂地镇压中国人民的革命运动。从太平天国到义和团运动,从戊戌变法到辛亥革命,任何一次推动中国社会前进的进步运动都遭到了来自封建势力和帝国主义的武装干涉和联合镇压而终至失败。中国外无民族独立,内无民主自由。

第三节 早期救国探索与现代化机遇丧失

历史是一条川流不息的时间长河。今天由昨天发展而来,明天又是今天的连续。知往鉴来,当今天的中国人正满怀信心从事社会主义现代化建设的时候,我们禁不住要回首那段屈辱悲怆壮烈的中国近代史,反思一百多年来中国人对现代化艰苦卓绝的追求。回眸19世纪中国现代化的沧桑旅程,人们会惊讶地发现,早期国人的救国探索最终全部归于失败,中国在历史上曾有过几次大的发展机遇,但最终一一丧失。

一、地主阶级开明派的"睁眼看世界"

鸦片战争结束后的10年间,西方侵略者正处于战后休整时期,形势相对平静。这一时期,地主阶级中的一些进步知识分子在西方的大炮打击下觉醒了,迫切地呼吁清政府要抓紧时机,进行改革。一批由中国人编写的西学书籍如雨后春笋破土而出。有林则徐编写的《四州志》、《华事夷言》,有魏源撰写的《海国图志》,还有李兆济的《海国图记》、姚莹的《英吉利图志》、萧令裕的《英吉利记》、杨炳的《海录》,等等。据统计,这一时期出现的有关西学书籍至少有22部。这些介绍西方及世界地理、历史情况的书籍,为中国人打开了一扇通向外部世界的窗口,使一直陶醉于"中央王国"、"天朝上国"、"中国即天下"的中国人如梦初醒。这些书籍以确凿可信的地图地理知识,阐明了地球的形状、世界各国的地理位置,证明了英、法等并非围绕中国周边的蛮夷下国,而是远隔重洋,久被隔绝在地球另一端的文明强国。这种新的世界观念,打破了中国人千百年来的"中华为天下中心",自以为居"天下之中央"的华夏中心观念,中国人第一次不得不面对列强林立,充满竞争和威胁的现代世界。

这一时期的西学书籍,大胆地揭露了中国君主专制的种种弊端。魏源在《海国图志》中就介绍了西方国家"广设学校",各有所学的教育制度,介绍了美国、英国等西方国家的民主选举制和首领任期制。在这些对西方政治、法律、教育等制度的注意、羡慕和赞誉中,已经模模糊糊地反映出首批"放眼看世界"者们对于君主专制制度的怀疑。此外，这些西学书籍还提出了学习西方科学技术的思想。中国早期先进的地主阶级知识分子们认识到，西方人之所以能渡海远来，敢于侵略中国并取胜，就是凭借着船坚炮利，靠着这些先进的科学技术所创造出来的神奇威力。而这正是中国所远不能及的，是西方独有的"长技"。因而主张学它，变西人独特的"长技"为我所有。尤其魏源在《海国图志》中提出的"师夷长技以制夷"的口号，代表了当时先进中国人的愿望和要求。

由此可见，鸦片战争后的10年间，正是中国地主阶级先进分子睁眼看世界，了解西方，接受西方的开始。而学习西方，这正是像中国这样的后发外生型国家开始走上现代化路程的第一步。如果清政府抓住了时势形成的时代契机，接受这些有识之士的建议，抓紧这10年时间奋发图强，中国的改革与发展是有可为的。但是，腐败的清政府却没有从失败中清醒并振作起来。《南京条约》签订后，他们反而产生了可以苟安下去的想法，认为英国"其所以兵犯顺者，非谋逆也，图复其通商也"，中国只要答应了英国的"通商"要求，就可以太平无事了。他们继续在醇酒美人中逍遥自在，视改革与发展是"多事"。中国又一次丧失了机遇。

二、地主阶级洋务派的"富国强兵"

第二次鸦片战争结束后，列强一度对华采取"合作政策"，出现了"中外相安，长年无事"的暂时稳定局面。在国内，太平军和捻军被镇压后，农民起义也相对沉寂30年。这是中国近代史上又一段难得的相对稳定时期。

此时，西方列强加速发展，进入了钢铁时代与帝国主义时代，中国的东邻日本也迅速崛起。中国面临着更为严峻的挑战与被侵略的危险。时代再一次要求中国抓住时机大力发展。在这种形势下，封建统治阵营中以曾国藩、李鸿章、左宗棠为代表的地主阶级洋务派，都不同程度地认识到了这种机遇，认为中国面临着"数千年未有之变局"，他们试图移植西方近代技术之花，接中国封建体制之木，倡导"中学为体，西学为用"的治国方略，急切地要在中国加速建立近代工矿业与近代海军。并大声疾呼，"今各国一变再变而蒸蒸日上，独中土以守法为兢，即败亡灭绝而不悔。天耶？人耶"。在他们的呼吁和推动下，终于发生了一场被称作"洋务运动"的改革与发展运动，揭开了中国近代化的序幕。

洋务运动最早引进了西方近代生产技术，创办了官督商办和官商合办的军工、民用等近代化企业，同时也刺激了民族资本主义的生长。但是一些顽固派官僚斥变革为"以夷变夏"、"数典忘宜"，反对办新式厂矿、铁路、学校、新式陆海军，反对造船购械，反对出国留学。实际上，洋务运动的本意并非要走资本主义近代化道路，而是依仗其政治权力，企图利用近代生产技术，来维护并巩固封建统治者的宝座。他们的"富强"目标，由于缺乏一套切于实际的、合理的、可操作性的实施程序而陷于空幻。他们兴办的洋务企业具有浓厚的封建性和买办性，未能促进中国资本主义的发展，反而为帝国主义的经济侵略提供了便利条件。

三、资产阶级改良派的维新变法

维新变法运动是在中法战争特别是甲午战争失败，民族危机加深以及民族资本主义经济已有初步发展的条件下，由其政治代表，以康有为、梁启超和谭嗣同为首的维新派，依靠光绪皇帝发动的一场资产阶级改良运动，进行自上而下的改革，刷新内政，抵御外侮，企图把古老的封建专制国家变成一个君主立宪的资产阶级近代化国家。

1883年12月爆发的中法战争是法国对中国发动的一场侵

略战争。腐败无能的清政府采取的妥协投降路线葬送了中国军民浴血奋战换来的胜利成果，造成中国不败而败、法国不胜而胜的结局。中法战争的失败唤起了康有为爱国革新的激情，他毅然上书光绪皇帝，提出"变成法、通下情、慎左右"三项建议。不久，他又在广州设万木草堂招生讲学，介绍资产阶级民主思想和西方自然科学知识，传播维新思想。

1895年中日甲午战争失败后，中国面临着严重的民族危机。瓜分豆剖，迫在眉睫。"四万万人齐下泪，天涯何处是神州？"挽救民族危亡，成为中国各阶层人民面临的最大课题。以康有为为代表的资产阶级维新派首当其冲，率先发出救亡图存的呼声。1895年4月，康有为在北京参加会试，得知日本逼签《马关条约》的消息后，大为震惊。他立刻联合各省在京参加会试的一千三百多名举人，向皇帝上万言书，痛陈《马关条约》将引起的严重后果，提出"拒和、迁都、变法"的挽救国家危亡的主张。这就是著名的"公车上书"。它表明资产阶级的维新变法思潮已发展成为有实际政治意义的维新运动。

此后，康有为又写了《上清帝第三书》和《上清帝第四书》。为了争取上层社会的同情与支持，康有为与梁启超创办了《中外纪闻》，组织了强学会，努力扩大政治影响。康有为共8次上书，主张效法俄、日，以君权厉行变法。1898年春，在救亡图存的爱国浪潮中，康有为、梁启超又发起成立了由维新人士和开明官僚二百余人参加的保国会。保国会以救亡图存为号召，以"保国、保种、保教"为宗旨。保国会的成立，推动了维新运动的进一步高涨。

民族危机的加深和维新思潮的激荡，促使光绪帝下定变法的决心。1898年6月11日，光绪帝颁布了《明定国是》诏书，宣布变法。光绪帝先后颁布了几十道新政诏书、谕令，从6月11日光绪帝颁布《明定国是》诏起，到9月21日慈禧发动政变止，共103天，故历史上称此次运动为"百日维新"。

戊戌维新运动的目的是在经济上全力冲破封建生产关系的桎梏，为发展生产力，发展资本主义创造条件；在政治上企图摆脱帝国主义羁绊和皇帝专制，实现民族独立和君主立宪制。戊戌维新运动在一片阴霾的中国，点燃了爱国与民主的火炬，敲响了救亡图存的警钟，推动了思想的启蒙和解放，成为了中国民主主义革命链条中一个必不可少的环节。光绪皇帝颁布的新政措施，尽管没有维新派过去多次提出的设议院、开国会、定宪法等内容，但新政提出的广开言路、提倡西学、裁撤旧衙门、奖励农工等措施冲击了封建官僚制度，开阔了人们的眼界，有利于中国民族资本主义的发展和资产阶级的思想文化的传播，符合中国近代化的历史趋向。

然而，这次自上而下的维新变法运动，最终也没有逃脱被封建顽固势力扼杀的命运。随着新政的推行和维新运动的发展，激起了封建顽固势力的抵制和反对，尤其是以慈禧为首的顽固派对维新派的疯狂反扑，政变大有一触即发之势。懦弱的光绪帝惊恐万状，传密诏给康有为请求"设法相救"。维新派看到密诏后，抱头痛哭，束手无策，向英、美、日等国求助无效，求助袁世凯却被告密。9月21日凌晨，慈禧经过精心策划，先将光绪帝囚禁在中南海的瀛台，随即传旨称光绪帝患病不能理事，由她"临朝训政"，继而逮捕和屠杀维新派。康有为、梁启超在英、日友人帮助下逃出国门；9月28日，谭嗣同等6人被杀于北京菜市口，史称"戊戌六君子"。其他维新派和大批参与新政及倾向变法的官员，或被判刑、罢官，或被抄家、放逐。政变后，新政措施除保留京师大学堂外全部被取消。轰轰烈烈的戊戌变法夭折了。中国发展的机遇又一次被扼杀。

四、资产阶级革命派的辛亥革命

中华民族是带着八国联军侵占首都北京的民族耻辱进入

20世纪的。1901年《辛丑条约》签订后，帝国主义以"保全中国"为幌子，变本加厉地吞食中国。使馆区的设立、北京至大沽口炮台的撤防，使清政府完全处于帝国主义的监视、控制之下；巨额的赔款、充满侵略野心的争相贷款，使中国的经济命脉全部操纵在列强手中；势力范围的抢夺、侵略战争的发动，把中国肢解得四分五裂。在帝国主义列强的全面控制下，清政府表示要"量中华之物力，结与国之欢心"，让侵略者予取予夺，甘心充当"洋人的朝廷"。因此，推翻清王朝成了解决中国社会矛盾的焦点。以孙中山为代表的资产阶级革命派就是在这种历史背景下登上了历史舞台，领导了一场旨在推翻清王朝的封建统治、建立资产阶级共和国的资产阶级民主革命。

1894年，孙中山在檀香山建立了中国历史上第一个资产阶级革命团体，它标志着以孙中山为代表的资产阶级革命活动的开端。为了唤醒民众，他们又创办了大批报刊杂志，宣传救亡图存，革命反满；介绍西方民主主义思想，抨击封建专制制度；揭露、驳斥改良派的保皇论调。民主革命思想的传播和资产阶级、小资产阶级知识分子的趋向革命，使革命力量迅速发展和集结，全国涌现出一批革命团体和爱国组织。这些团体组织在各地开展宣传、组织工作，为建立统一的资产阶级革命政党作了组织准备。

1905年,统一的资产阶级革命政党——中国同盟会在日本东京成立,成为中国资产阶级民主革命的领导核心。它以"民族、民权、民生"三民主义为革命纲领,旗帜鲜明地提出了建立民主共和国和发展资本主义的奋斗目标。三民主义力图解决中国的民族独立、政治民主和社会经济进步与发展等各种问题,是19世纪末20世纪初,马克思主义在中国生根之前关于中国现代化发展道路的一种最为进步和完整的学说。如果说中国有一个"近代文化"的话,孙中山的三民主义就是中国"近代文化"中最为优秀的代表。

资产阶级革命政党成立后,以孙中山为代表的资产阶级革命派为武装推翻清王朝的反动统治进行了坚韧不拔的努力。从创办刊物宣传资产阶级民主革命思想到同资产阶级改良派论战,从买枪购械、组织会党、运动民军到发动武装起义,都显示了孙中山领导的资产阶级革命派的新的风貌。举世闻名的武昌起义打响了辛亥革命的第一枪,它使长期以来蕴藏在亿万民众心中的革命热情,像火山一样爆发出来,迅速形成了全国规模的革命热潮。最终,推翻了清王朝的反动统治,结束了两千多年的封建帝制,建立了资产阶级共和国。这是近代中国人民反帝反封建斗争的重大胜利，是中国民族资产阶级按照西方资产阶级共和国方案改造中国的一次伟大实践。辛亥革命的成功，使民主共和理想深入人心，唤起了中华民族的觉醒。民国肇造，民主政治推行，无数爱国志士用青春和热血灌溉的共和国之花，终于结出了希望之朵。梁启超称之为"不啻若唐虞三代之盛"，江泽民称之为中国人民在前进道路上实现的第一次历史性巨变。

然而，正当人们沉醉于建立民国的凯歌之中，风云骤变，悲剧的命运已暗暗袭来。袁世凯与帝国主义相勾结，步步进逼，胁迫革命党人向他交权，最后，革命党人以袁世凯答应清末皇帝退位，实行共和为条件，向袁世凯交出了革命政权。1912年2月12日，清帝溥仪正式下诏退位。4月，孙中山被迫辞去临时大总统职务，南京临时政府仅存3个月就解体了。辛亥革命的胜利果实被帝国主义和封建主义代理人袁世凯窃取，他对内实行专制独裁，对外出卖国家主权。民国徒有虚名，政权的实质不过是"地主阶级的军阀官僚统治"或"地主阶级和大资产阶级所联盟的专政"。资产阶级爱国志士们在长达十余年来孜孜以求的救国目标得而复失，中国社会依然是半殖民地半封建社会，他们的救国方案实际上已宣告破产。

第二章　中国共产党的现代化蓝图

第一节　中国革命的艰辛历程

一、大革命运动

1921年7月23日,13位来自各地的中共党组织选派的代表汇聚在一起,在上海秘密地召开了中国共产党第一次全国代表大会。中国共产党的成立,是一个"开天辟地的大事变"。它使中国人民从此有了坚强的领导核心,预示着中国反帝反封建斗争必将走出一条正确的道路,进而达到胜利的目标。

第一次国共合作形成后,由国共两党合作下的国民革命军从广州出发,开始了"打倒列强,除军阀"的北伐战争。农民、工人被组织和动员起来,形成了历史上空前广泛而深刻的群众运动,史称大革命。1927年3月,国民革命军攻占上海和南京，完全控制了长江中下游以南各省，北伐形势大好。但是，蒋介石勾结中外反动势力，积极策划反革命政变。4月12日，蒋介石在上海发动反革命政变，以"清党"为名，在东南各省大规模捕杀共产党员和革命群众。7月15日，汪精卫在武汉召开"分共"会议，并在其辖区内对共产党员和革命群众实行搜捕和屠杀。国共合作彻底破裂，工农革命运动被镇压了下去。

二、土地革命

在大革命失败的严峻关头，1927年8月7日，中共中央在汉口举行紧急会议，提出了土地革命和武装反抗国民党反动派屠杀政策的总方针。在此前的8月1日，南昌起义爆发，这是中国共产党独立领导武装斗争的开始。9月9日，毛泽东领导了湘赣边界秋收起义。10月，毛泽东率领秋收起义军到达井冈山，开辟了井冈山农村革命根据地。其后逐步开辟赣南、闽西和闽浙赣、鄂豫皖、湘鄂西、左右江等根据地。以毛泽东为主要代表的中国共产党人，从中国半殖民地半封建社会的特殊国情出发，经过反复探索，在总结成功经验和失败教训的基础上，创造性地把马克思主义普遍原理同中国革命的具体实际相结合，逐渐找到了一条农村包围城市、武装夺取政权的有中国特色的革命新道路，经过长期的艰苦卓绝的探索与奋斗，把处于险境中的中国革命引向通途，实现了马克思主义的普遍原理和中国具体实际相结合的第一次伟大的历史性飞跃。建立新型的人民军队和农村革命根据地，开展土地革命，实行工农武装割据，用革命的武装反抗国民党的反动统治，是大革命失败后毛泽东等人启动中国革命航船，复兴中国革命大业，完成反帝反封建的新民主主义革命任务，这是中华民族的一次历史性抉择。

土地革命的深入和反"围剿"作战的胜利，巩固和扩大了农村革命根据地。1931年11月7日在江西瑞金县叶坪村召开了中华苏维埃第一次全国代表大会。出席大会的代表分别来自中央苏区、闽西、赣东北、湘赣等苏区和红军部队，以及设在国民党统治区的全国总工会、全国海员总工会，共六百一十余人。大会选出毛泽东、周恩来、朱德、瞿秋白等63人为中华苏维埃共和国中央执行委员会委员，并推选毛泽东为中央执行委员会和人民委员会主席。1931年12月1日中央执行委员会发布第1号公告，庄严宣告中华苏维埃共和国成立。

中华苏维埃共和国的建立，是中国共产党领导广大群众建立全国性质政权的一次伟大尝试。它标志着在中国领土之内已存在两种不同政权的对立，一个是以蒋介石为首的南京国民党反革命政权，一个是以工农为主体的人民民主政权。它反映了当时党和人民迫切要求建立自己的政权，推进革命发展的普遍愿望，它也是中国共产党领导与管理国家的初步尝试。在其后的几年时间里，中华苏维埃共和国进行了政权、军队、经济和文化等方面的建设，使根据地发生了很大变化，取得了一定的成绩，积累了宝贵的经验教训，对后来抗日战争时期党建立陕甘宁边区政府，创建中华人民共和国，以及建设社会主义新中国，都起到了重要的借鉴作用，提供了十分宝贵的历史经验。

土地革命战争时期，中国共产党内存在着严重的把共产国际决议和苏联经验神圣化、把马克思主义教条化的错误倾向，连续发生了三次"左"倾错误。其中以王明"左"倾冒险主义对中国革命造成的危害和破坏最大、最严重。1933年9月，在蒋介石发动的对中央红军的第五次"围剿"中，由于执行王明"左"倾路线的党中央排斥毛泽东在党和红军中的领导，否定了以毛泽东为代表的红军作战的正确原则，而采取了进攻中的冒险主义、防御中的保守主义的错误作法，致使中央红军的第五次反"围剿"失败。中国共产党和中央红军损失极为严重，数载浴血奋斗才建立的根据地几乎丧失殆尽，党的组织被敌人破坏达90%以上。1934年10月中央红军被迫进行长征，其他根据地的红军也陆续长征。

红军长征开始后，广大干部和红军指挥员面对的是第五次反"围剿"战争以来，红军屡次失利，现又几乎濒于绝境的情况，这与前四次反"围剿"战争胜利发展的情况形成鲜明的对照，他们由此逐渐觉悟到，这是排斥了以毛泽东为代表的正确领导，贯彻执行错误的军事指挥方针的结果。中央红军主力虽突破湘江封锁线，跳出了包围圈，但自身却付出沉重的代价，由出发时的八万六千万余人，锐减为三万余人。指战员们开始思考这一系列失败的原因，毛泽东在长征行军中同王稼祥、张闻天和一些红军干部反复进行深入细致的工作，向他们分析第五次反"围剿"和在长征中中央在军事领导上的错误。他的正确意见得到王稼祥、张闻天等人的支持。周恩来和朱德等人也尊重和支持毛泽东。这些同志在行军途中同博古、李德等人的分歧越来越大。从老山界到黎平，从黎平到猴场，一路展开争论。这时，中央大部分领导人对于中央军事指挥的错误问题，基本上取得一致意见。在这种形势下，召开一次政治局会议，总结经验教训、纠正领导上的错误的条件已经成熟。

1935年1月15日至17日，在遵义城红军总司令部召开了中共中央政治局扩大会议。会议首先由博古作关于反对第五次"围剿"的总结报告，他过分强调客观困难，把第五次反"围剿"的失败，归之于帝国主义、国民党反动力量的强大，以及白区和各苏区的斗争配合不够等，而不承认主要是由于他和李德压制正确意见，在军事指挥上犯了严重错误。然后，周恩来就军事问题作副报告，他指出第五次反"围剿"失败的主要原因是军事领导的战略战术的错误，并主动承担责任，作了诚恳的自我批评，同时也批评了博古和李德。张闻天按照会前与毛泽东、王稼祥共同商量的意见，作了反对"左"倾错误的报告，比较系统地批评了博古、李德军事指挥上的错误。毛泽东接着作了长篇发言，对博古、李德军事指挥上的错误进行了切中要害的分析和批评，并阐述了中国革命战争的战略战术问题和此后在军事上应该采取的方针。王稼祥在发言中，也批评了博古、李德的错误，支持毛泽东的正确意见。周恩来、朱德、刘少奇等多数与会同志都发了言，不同意博古的总结报告，同意毛泽东、张闻天、王稼祥的意见。遵义会议根据变化了的情况，改变了黎平会议以黔北为中心来创造革命根据地的决议。3月11日在贵州鸭溪，中共中央成立由毛泽东、周恩来、王稼祥组成的三人小组，负责指挥全军的军事行动。在当时的战争环境中，这是党中央最重要的领导机构。毛泽东根据情况的变化，灵活地变换作战方向，四渡赤水，巧妙地穿插于敌人重兵集团之间。红军跳出数十万敌军围追堵截的圈子，粉碎了国民党围歼中央红军于川黔滇边区的计划，取得战略转移中具有决定意义的胜利。

在紧急的战争形势下举行的遵义会议是中国共产党在开辟中国特色革命道路过程中的一个生死攸关的转折点。尽管它在当时没有全面地讨论政治路线方面的问题，也没有探讨造成军事指挥错误的深刻的政治原因，但是它却明确地回答了红军的战略战术方面的是非问题，指出了博古、李德在军事指挥上的错误，改组了党中央的领导，特别是军事领导，解决了当时党内所面临的最迫切的军事问题，结束了"左"倾教条主义在党中央的统治，从而挽救了党，挽救了红军，挽救了中国革命，并从实际上确立了毛泽东在党中央的领导地位，标志着以毛泽东为核心的中共中央第一代领导集体的初步形成。而这些成果，又是在中国共产党同共产国际联系中断的情况下，独立自主地取得的，表明马克思主义的普遍原理和中国革命的具体实际相结合的毛泽东思想开始在党中央占据主导地位。这是中国共产党从幼年走向成熟的标志。从此，中国共产党在以毛泽东思想为代表的马克思主义正确路线领导下,沿着有中国特色的革命道路,克服重重困难,一步步地引导中国革命走向胜利。

三、八年抗战首创百年纪录

马克思主义指导中国革命的真谛在于运用中国化的马克思主义。以毛泽东为主要代表的中国共产党人将马克思主义普遍原理与中国革命具体实际有机结合,实现了马克思主义中国化的第一次历史性飞跃,其理论成果就是毛泽东思想。在20世纪20年代末期和30年代初期,以农村包围城市、武装夺取政权道路理论的提出为标志,毛泽东思想开始形成。

1931年发生"九一八"事变,日军入侵中国东北,国民党政府却仍将兵力用于"围剿"工农红军,对日本则实行不抵抗主义和妥协退让的政策,致使110万平方公里的中国领土沦陷。

日本占领中国东北以后,随即开始入侵中国华北地区。1935年,日本在华北制造一系列事端,实行"华北特殊化",加紧实施其既定的侵华政策。

1936年12月12日,爱国将领张学良、杨虎城为了停止内战,共同抗日,在"哭谏"无效之后,毅然实行"兵谏",扣留前来西安逼迫他们攻打陕甘红军的蒋介石。中国共产党从民族大义出发，为了团结国民党共同抗日，为西安事变的和平解决尽了最大的努力，终于促成了西安事变的和平解决，十年内战的局面由此结束，开始实现第二次国共合作，抗日民族统一战线初步形成。

1937年7月7日，"卢沟桥事变"爆发，日本发动全面侵华战争。中华民族到了最危险的时刻，全国性抗战开始。中国国民党和中国共产党领导的抗日军队，分别担负正面战场和敌后战场的作战任务，形成了共同抗击日本侵略者的战略态势。中国共产党坚持全面抗战路线和持久战方针，全力开辟敌后战场，开展游击战争，恪守抗战、团结、进步的原则方针，大力进行抗日民主根据地建设，大力推进大后方工作，并通过延安整风运动强化党的自身建设，始终站在抗日斗争的最前线，以自己的坚定意志和模范行动，在全民族抗战中发挥了不可替代的作用。

在1945年4月召开的中国共产党第七次全国代表大会上，以毛泽东为主要代表的中国共产党人把马克思主义基本原理同中国具体实际相结合所创造的理论成果，被正式命名为毛泽东思想，并将毛泽东思想确定为党的一切工作的指针。1945年8

月15日，日本宣布投降。抗日战争的胜利，这是自1840年以来中国反抗外敌入侵的第一次完全胜利，成为中华民族走向复兴的历史转折点。

抗日战争的伟大胜利是中华民族由百年衰落走向复兴的历史枢纽。这是因为：抗日战争是第一次取得彻底胜利的伟大民族解放战争，为中华民族走向复兴创造了根本前提；抗日战争中民族精神大弘扬、民族意识大觉醒、民主力量大发展，为中华民族走向复兴奠定了思想基础和群众基础；中国共产党在抗战中成长为成熟的马克思主义政党，发挥了中流砥柱作用，成为领导整个中华民族走向复兴的根本保证；中国抗日战争的胜利使中国国际地位发生转变，国际地位的大提高是中华民族开始走向复兴的象征。

四、解放战争决胜新中国

毛泽东思想是马克思主义中国化的第一个重大理论成果。中国共产党在毛泽东思想的基础上达到空前的团结和统一，找到了推翻"三座大山"、实现人民当家作主的正确道路。

1945年8月，中国共产党充分考虑人民群众的强烈要求，明确提出和平、民主、团结、统一的方针。为了争取和平民主，毛泽东不顾个人安危，飞赴重庆与国民党当局进行谈判。同年10月10日，双方签署《政府与中共代表会谈纪要》即双十协定，确认和平建国的基本方针，同意"长期合作，坚决避免内战"。1946年1月，政治协商会议召开。以周恩来为首的中共代表团与中国民主同盟等民主党派和无党派民主人士的代表密切合作，同国民党当局认真协商，推动政协会议达成和平建国的五项协议。但是，中国人民期盼已久的和平建国并没有到来。政治协商会议结束仅仅5个月后，即1946年6月底，国民党军以进攻中原解放区为起点，挑起了全国性的内战。

全面内战爆发时，中国共产党面临的形势是极为严峻的。当时，国民党军的总兵力为430万人，不仅接收了一百余万日军和数十万伪军的装备，而且美国还为其训练和装备了50万军队，而人民解放军的总兵力为127万人，装备基本上是缴自日军的步兵武器。国民党的兵力还控制着全国几乎所有的大城市和主要交通干线，以及全国76%的土地和71%的人口。正是凭着军力和经济的优势，蒋介石声称，这场战争"一定能速战速决"。国民党军参谋总长陈诚扬言，"也许三个月，至多五个月，便能整个解决"中共军队。

但是，国民党违背全国人民迫切要求休养生息、和平建国的意愿，执行反人民的内战政策，同时，官员们极其腐败。国民党政府派出的官员到原沦陷区接收时，把接收变成"劫收"，谁有金条，谁就有理，百姓称其为"有条有理"。上海《大公报》的社评中写道，国民党政府的做法"几乎把京沪一带的人心丢光了"。这就注定了蒋介石和国民党的必然失败。国统区反内战、反饥饿、反独裁的运动，与战场上国民党军的溃败，共同奏响了蒋介石政权最后的挽歌。1948年9月至1949年1月，人民解放军与国民党军进行战略决战，先后发动了辽沈、淮海、平津三大战役。这三大战役前后历时4个月零19天，共歼灭国民党军队有生力量154万余人，其主要军事力量基本被摧毁。1949年4月21日，国民党当局拒绝接受《国内和平协定（最后修正案）》，人民解放军发起渡江战役。4月23日，人民解放军占领南京，国民党在大陆的反动统治宣告覆灭。

第二节 新民主主义到社会主义的社会发展战略

在近代中国扭曲的半殖民地半封建畸形社会里，要解决中国革命如何走社会主义道路的问题，就必须制定符合中国特殊国情的具有中国特色的道路，绘出中国社会发展的宏伟蓝图。

这在国际社会主义运动史上史无前例，是一个崭新的重大课题。国情是制约或决定一个国家社会发展的客观的基本因素，也是制定社会发展战略的依据和根本出发点。因此，必须运用辩证唯物主义和历史唯物主义基本原理，正确地分析我国的特殊国情，主要是社会经济结构、阶级关系和生产力水平及社会主要矛盾，以及世界历史时代和国际环境。而对国情的认识需要在革命斗争实践中逐步深化，从感性到理性，得出科学的论断。中国共产党人伴随着中国特殊国情和阶级结构、阶级关系认识的逐步深化，形成了中国革命的发展战略和社会发展战略。

一、从国民革命到土地革命战争时期，社会发展战略思想有了雏形

从国民革命到土地革命时期，中国共产党的社会发展战略思想已有了雏形，这主要体现在1922年7月《中国共产党第二次全国代表大会宣言》、1926年3月毛泽东《中国社会各阶级的分析》和1934年1月毛泽东在《中华苏维埃共和国执行委员会与人民委员会对第二次全国苏维埃代表大会的报告》中。

中国共产党是在俄国十月社会主义革命的影响和共产国际

帮助下，在五四运动基础上诞生的以马克思列宁主义为指导的中国工人阶级先锋队。1921年7月，中共第一次全国代表大会制定的中国共产党第一个纲领效仿俄共（布）的模式，明文规定：无产阶级要用革命军队推翻资本家阶级政权，建立无产阶级专政，实行社会主义。翌年7月，中国共产党全国第二次代表大会宣告中规定了党的最低纲领和最高纲领。最低纲领是民主革命，最高纲领是社会主义革命。这样经民主革命达到社会主义两步走的思想有了萌芽。既有明确的长远的奋斗目标——社会主义，而不是资本主义，又要分两个阶段进行，不能即刻实行社会主义革命。这一战略构想解决了鸦片战争以后80年间，许多仁人志士、先进分子，为救国救民，艰苦探索中国社会发展道路所不解的历史课题。

中国共产党刚刚诞生不久，就能提出前人长期奋斗而未解决的正确纲领，主要是由于其是马克思列宁主义政党，直接受益于列宁民族殖民地革命理论。俄国十月革命后，列宁十分关注东方民族殖民地的革命问题。列宁在共产党国际第二次代表大会上首次提出《民族殖民地问题提纲初稿》，为中国共产党制定民主革命纲领奠定了理论基础。其中最主要的有三点：

首先，必须分清世界上已划分为的压迫民族和被压迫民族。列宁在民族和殖民地问题委员会的报告中明确指出,"我们的提纲中最重要最基本的思想是什么呢?就是被压迫民族和压迫民族之间的区别"。[①]"帝国主义的特点就是现在全世界已经划分为两部分,一部分是人数众多的被压迫民族,另一部分是人数甚少的、拥有巨量财富和强大军事实力的压迫民族。"[②] 这个基本思想是马克思列宁主义同一切机会主义的分水岭,为中国共产党人考察和解决中国革命问题提供了基本思想原则。

其次,指明了殖民地半殖民地国家的革命性质、任务和前途。共产国际指出,殖民地革命的第一步应当是推翻外国资本主义和本国的中世纪剥削制度,"殖民地革命在最初时期不会是共产主义革命,然而要是它从头起就由共产主义先锋队所领导,那么革命群众,由于渐次地获得革命经验,将走上达到所抱目的的正确道路"。[③] 这就是说,革命的第一步首先是无产阶级领导的资产阶级性民主革命,其前途必然是社会主义的。

中共二大根据列宁民族殖民地革命理论和共产国际指示,系统地论述了国际帝国主义宰割下的中国,深刻地揭露了

[①]《列宁选集》第四卷,人民出版社1972年版,第332页。
[②]《列宁选集》第四卷,人民出版社1972年版,第333页。
[③]《共产国际有关中国革命的文献资料(1919—1928)》第1辑,中国社会科学出版社1981年版,第32页。

帝国主义侵略的实质，论述了中国政治经济现状与受压迫的劳苦群众的悲惨遭遇，明确指出，"各种事实证明，加给中国人民（无论是资产阶级、工人或农民）最大的痛苦的是资本帝国主义和军阀官僚的封建势力，因此反对那两种势力的民主主义的革命运动是极有意义的——即因民主主义革命成功，便可得到独立和比较的自由。因此我们无产阶级审察今日中国的政治经济状况，我们无产阶级和贫苦的农民都应该援助民主主义革命运动"。① 并进一步指出，"无产阶级去帮助民主主义革命，不是无产阶级降服资产阶级的意义，这是不使封建制度延长生命和养成无产阶级真实力量的必要步骤"。②

据此，党的二大明确指出中国共产党最主要的奋斗目标：一是消除内乱，打倒军阀，建设国内和平；二是推翻国际帝国主义的压迫，达到中华民族完全独立。

同时，全会还指出，"我们无产阶级有我们自己阶级的利益，民主主义革命成功了，无产阶级不过得着一些自由与权利，还是不能完全解放。而且民主主义成功，幼稚的资产阶级

---

① 《中共中央文件选集》第1册，中共中央党校出版社1990年版，第114—115页。

② 《中共中央文件选集》第1册，中共中央党校出版社1990年版，第114—115页。

便会迅速发展，与无产阶级处于对抗地位。因此无产阶级便须对付资产阶级，实行'与贫苦农民联合的无产专政'的第二步奋斗。如果无产阶级的组织力量和战斗力强固，这第二步奋斗是能跟着民主主义革命胜利以后即刻成功的"。①

中国共产党第二次全国代表大会制定的民主革命纲领，把中国革命分为两步走，表明中国共产党人在探索中国革命发展战略和社会发展战略上迈出可喜的一步，然而由于毕竟是处于幼年的党，加上历史的局限性，对于两步走的关系还认识不清，对无产阶级及其政党在民主革命中的地位作用的认识还受制于旧式资产阶级民主革命的影响，因而没能真正解决中国革命两步走的问题。

翌年，当时党的主要领导人陈独秀就抛出"二次革命论"的论调，认为民主革命胜利后建立的是资产阶级共和国，使资本主义充分发展，工人阶级壮大后，再发动反对资产阶级的社会主义革命，还之无产阶级专政。这是"二大"存在缺欠之处的进一步暴露。

以毛泽东为代表的中国共产党人，在革命实践中逐步解

---

① 《中共中央文件选集》第1册，中共中央党校出版社1990年版，第114—115页。

决了党的"二大"所留下的缺欠，纠正了"二次革命论"的糊涂思想。1925年，轰轰烈烈的五卅运动，检验了各阶级的政治态度，其既充分显示了工人阶级的坚强力量，又暴露了资产阶级的软弱性、妥协性，特别是带买办性的大资产阶级的媚外嘴脸。1926年3月，毛泽东针对党内在阶级关系问题上所存在的"左"的和右的思想，继中国共产党第四次全国代表大会，提出在民主革命中无产阶级领导权和工农联盟问题后，又发表《中国社会各阶级的分析》一文，以马克思主义观点，首次对中国社会各阶级的地位和政治态度进行了科学分析，明确提出"谁是我们的敌人？谁是我们的朋友？这是革命的首要问题，没有革命党领错了路革命不遭到失败的"。他首次把中国资产阶级划分为买办阶级和中产阶级，指出前者同地主阶级代表中国最落后的反动的生产关系，是帝国主义的附庸。中产阶级主要是指民族资产阶级，民族资产阶级代表中国资本主义生产关系，既受帝国主义封建主义的压迫，又同它们有千丝万缕的联系，因而对中国革命具有矛盾态度。他们企图实现资产阶级共和国，但这是行不通的幻想。工业无产阶级人数虽不多，却是中国新的生产力的代表者，是近代中国最进步的阶级，是革命的领导力量。最后，毛泽东得出的结论是："一切勾结帝国主义的军阀、官僚、买办阶级、大地主阶级以及附属于他们的一部分反动知识界,是我们的敌人。工业无产阶级是我们革命的领导力量。一切半无产阶级、小资产阶级,是我们最接近的朋友。那动摇不定的中产阶级,其右翼可能是我们的敌人,其左翼可能是我们的朋友——但我们要时常提防他们,不要让他们扰乱了我们的阵线"。①

土地革命战争时期,在农村革命根据地建立的红色政权,虽然受到"左"倾的干扰,但是毛泽东仍坚持了符合实际的经济政策,体现民主革命的战略思想。1934年1月,毛泽东在瑞金召开的第二次全国工农兵代表大会的报告中,讲到经济政策时明确指出,"现在我们的国民经济,是由国营事业、合作社事业和私人事业这三方面组成的",②"我们对于私人经济,只要不出于政府法律范围之外,不但不加阻止,而且加以提倡和奖励",③"尽可能地发展国营经济和大规模地发展合作社经济,应该是与奖励私人经济发展,同时并进的"。④

中国共产党的"二大"纲领、毛泽东的《中国社会各阶级的

---

① 《毛泽东选集》第一卷,人民出版社1991年版,第9页。
② 《毛泽东选集》第一卷,人民出版社1991年版,第133页。
③ 《毛泽东选集》第一卷,人民出版社1991年版,第133页。
④ 《毛泽东选集》第一卷,人民出版社1991年版,第134页。

分析》及毛泽东在第二次全国工农兵代表大会上的报告，构成了中国共产党关于中国革命发展战略和社会发展战略构想的雏形。

二、中国革命发展战略和中国社会发展宏伟蓝图形成的主要标志

中国革命发展战略和中国社会发展宏伟蓝图形成的主要标志，一是弄清两步走之间的辩证关系，二是勾画设计出民主革命胜利后建立的新中国的蓝图。其思想载体主要是毛泽东所著的《中国革命和中国共产党》、《新民主主义论》、《论联合政府》、《论人民民主专政》以及《中国人民政治协商会议共同纲领》。

党中央到达陕北以后，毛泽东系统地总结了两次国内革命战争胜利与失败的经验教训，在抗战时期，又深入地研究了中国特殊国情，据此毛泽东进一步论述了中国革命的对象、任务、动力、性质和革命的前途与转变等一系列中国革命基本问题并且设计了新中国的蓝图，创造性地提出了"新民主主义革命"和"新民主主义国家"的新概念。

社会性质和社会主要矛盾决定革命性质及其发展方向。毛泽东运用历史唯物主义观点，以他严谨的理论逻辑和精当的论

述，深刻地揭示了帝国主义列强的侵略使中国社会由封建社会沦为半殖民地半封建社会的罪责。他指出，列强的入侵，"在一方面促使中国封建社会解体，促使中国发生了资本主义因素，把一个封建社会变成了一个半封建的社会；但是在另一方面，它们又残酷地统治了中国，把一个独立的中国变成了一个半殖民地和殖民地的中国"。①这是外国帝国主义与国内封建主义相勾结的结果。由此，毛泽东得出明确的结论，帝国主义和中华民族的矛盾，封建主义和人民大众的矛盾，乃是近代中国社会的主要矛盾。由此确定了经由新民主主义达到社会主义的这一中国革命发展战略和具有中国特色的革命道路。这就是"中国共产党领导的整个中国革命运动，是包括民主主义革命和社会主义革命两个阶段在内的全部革命运动；这是两个性质不同的革命过程，只有完成了前一个革命过程才有可能去完成后一个革命过程。民主主义革命是社会主义革命的必要准备，社会主义革命是民主主义革命的必然趋势。而一切共产主义者的最终目的，则是在于力争社会主义社会和共产主义社会的最后的完成。"②

---

①《毛泽东选集》第二卷，人民出版社1991年版，第630页。
②《毛泽东选集》第二卷，人民出版社1991年版，第651—652页。

新民主主义革命就是"无产阶级领导的，人民大众的，反对帝国主义、封建主义和官僚资本主义的革命。"它既区别于资产阶级旧民主主义革命，又区别于无产阶级领导的社会主义革命。前者是资产阶级领导的以建立资本主义社会为目的；后者以建立新民主主义国家，走向社会主义为目的。两者的共同点都是反对帝国主义、反对封建主义；两者根本区别的决定性因素则是无产阶级领导权问题。新民主主义与社会主义的区别在于革命对象和任务不同，因而对待资本主义的基本政策也不同；共同点都是在无产阶级领导下才能实现的，是共产党领导中国革命不可分割的两个阶段。

无产阶级（通过共产党）的领导权是夺取新民主主义革命胜利并转变为社会主义革命，把中国由新民主主义社会过渡到社会主义社会的根本保证。而新民主主义革命胜利后建立的人民民主专政的新中国，乃是共产党赖以实现革命转变并和平过渡到社会主义的国家政权。

第三节　现代化奋斗目标的战略构想

20世纪中国社会发展的主题归根到底是现代化。近代中国日益陷入贫穷落后、没能走上现代化发展之路的根本原因，是帝国主义和封建主义的残暴压迫、剥削和反动统治。因此，要获得民族独立和人民解放、国家富强和人民幸福，必须首先以武装斗争推翻压在中国人民头上的"三座大山"，建立独立民主的人民共和国为前提。只有改变社会制度，建立新的生产关系，才能解放生产力和发展生产力，逐步走上现代化历史航程。

以毛泽东为核心的第一代党中央领导集体，早在民主革命时期，在那烽火硝烟的战争年代里，就把革命胜利后建设工业化的新中国作为奋斗目标。新中国成立不久，虽然社会经济还很落后，但却适时地把中国社会发展必须走向社会主义现代化的宏伟蓝图展现在全国人民面前。

一、把发展经济，实现工业化作为强国之本，变农业国为工业国为新民主主义革命的最终目的

早在民主革命时期，在被国民党反动派包围着的小块农村根据地里，毛泽东就十分重视经济建设。1934年1月，他在江西瑞金召开的第二次全国工农兵代表大会报告中就指出：当前，在全中国卷入经济浩劫，数万万民众陷入饥寒交迫的困

难地位的时候,我们人民的政府却不顾一切困难,为了革命战争,为了民族利益,认真地进行经济工作。事情是非常明白的,只有我们战胜了帝国主义和国民党,只有我们实行了有计划有组织的经济工作,才能挽救全国人民出于空前的浩劫"。①

为了发展经济,当时的工农民主政府允许和鼓励资本主义经济的存在与发展。1934年1月,中共中央给二次全苏大会党团的指令中指出,在遵守政府法律与工人监督生产的条件下,"容许并鼓励商人资本的投资与营业,利用他们的资本来发展苏区经济","在中国目前的阶段上,资本主义的发展是不可避免的。一切消灭资本主义以及实现'军事共产主义'的企图,都是有害的"。②

毛泽东还把发展工业作为战胜帝国主义入侵,摆脱贫困落后的根本出路。1944年5月,在中央办公厅的一次招待会上,毛泽东发出"发展工业,打倒日寇"的响亮口号。他明确指出:"要打倒日本帝国主义,必需有工业;要中国的民族独立有巩固的保障,就必需工业化。"③1945年4月,在党的"七

---

① 《毛泽东选集》第一卷,人民出版社1991年版,第134页。
② 《中共中央文件选集》第10册,中共中央党校出版社1990年版,第75—76页。
③ 《毛泽东文集》第三卷,人民出版社1996年版,第146页。

大"的工作报告中,毛泽东又分析指出:"没有一个独立、自由、民主和统一的中国,不可能发展工业……没有工业,便没有巩固的国防,便没有人民的福利,便没有国家的富强"。因此,"在新民主主义的政治条件获得之后,中国人民及其政府必须采取切实的步骤,在若干年内,逐步地建立重工业和轻工业,使中国由农业国变为工业国"。[①]1947年12月,毛泽东在《目前形势和我们的任务》一文中说:"中国人民的任务,是要在第二次世界大战结束、日本帝国主义被打倒以后,在政治上、经济上、文化上完成新民主主义的改革,实现国家的统一和独立,由农业国变成工业国"。[②]1948年在晋绥干部会议上毛泽东更加明确地指出:"消灭封建制度,发展农业生产,就给发展工业生产,变农业国为工业国的任务奠定了基础,这就是新民主主义革命的最后目的。"[③]

二、社会主义工业化和现代化奋斗目标的构想

建国前夕,毛泽东在《在中国共产党第七届中央委员会第

[①]《毛泽东选集》第三卷,人民出版社1991年版,第1080—1081页。
[②]《毛泽东选集》第四卷,人民出版社1991年版,第1245页。
[③]《毛泽东选集》第四卷,人民出版社1991年版,第1316页。

二次全体会议上的报告》中指出:"在革命胜利以后,迅速地恢复和发展生产,对付国外的帝国主义,使中国稳步地由农业国转变为工业国,把中国建设成一个伟大的社会主义国家"。[①]他在科学地分析我国社会经济基本状况后指出,对占国民经济总产值90%的农业和手工业,必须谨慎地、逐步地而又积极地引导它们向着现代化和集体化的方向发展的。这里,毛泽东把工业化和社会主义联系在一起,找到了中国社会发展的根本出路,这与以前仅从文化层面上来探讨中国发展的现代化论者相比,无疑是认识上的深化。也就是从这篇文章开始,毛泽东正式使用了"现代化"这个概念。同年6月,毛泽东在《论人民民主专政》一文中指出,"没有农村社会化,就没有全部的巩固的社会主义。农业社会化的步骤,必须和以国有企业为主体的强大的工业的发展相适应。人民民主专政的国家,必须有步骤地解决工业化的问题"。

新中国的建立,是中国现代化这一历史主题得以展开的必不可少的政治前提,并开辟了我国工业化、现代化历史的新纪元。从此,近代百余年来中国先进分子为之奋斗却一再碰壁的现代化主题,第一次作为政府政策和国家发展目标被提了出

[①]《毛泽东选集》第四卷,人民出版社1991年版,第1437页。

来，并在实践中加以实施。

1952年，中国共产党在过渡时期总路线中，明确提出了要在一个相当长的历史时期内，逐步实现国家的社会主义工业化，与党对农业、手工业和资本主义工商业的社会主义改造同时并举。总路线成为全国人民的行动指针，社会主义工业化成为人民政府的奋斗目标。在毛泽东看来，对农业、手工业和资本主义工商业的社会主义改造，是从新民主主义向社会主义过渡的必由之路；实现社会主义工业化，是中国由传统农业社会向现代工业社会、实现国家富强的必要条件和物质基础。

1954年6月，在中央人民政府委员会第30次会议上，毛泽东论述中国社会主义现代化问题时指出："我们的总目标，是为建设一个伟大的社会主义国家而奋斗……要实现社会主义工业化，要实现农业的社会主义化、机械化，要建成一个伟大的社会主义国家……"[1]

同年9月，毛泽东在第一届全国人大第一次会议上的开幕词中提出："准备在几个五年计划之内，将我们现在这样一个经济上文化上落后的国家，建设成为一个工业化的具有高度现

---

[1]《毛泽东选集》第五卷，人民出版社1977年版，第130页。

代文化程度的伟大的国家"。①根据毛泽东的这个思想，周恩来在政府工作报告中，首先宣布了"四个现代化"的宏伟设想。他说："我国的经济原来是很落后的。如果我们不建设起强大的现代化的工业、现代化的农业、现代化的交通运输业和现代化的国防，我们就不能摆脱落后和贫困，我们的革命就不能达到目的。"②这是"四个现代化"的最初提法，主要体现了物质文明的要求，还不是今天所要求的四个现代化的完整内容。

1956年1月，周恩来在《关于知识分子问题的报告》中明确指出："科学是关系我们的国防、经济和文化各方面的有决定性的因素"，"只有掌握了最先进的科学，我们才能有巩固的国防，才能有强大的先进的经济力量"，③并提出了"向现代科学进军"的口号。

1957年二三月间，毛泽东在《关于正确处理人民内部矛盾的问题》和《在中国共产党全国宣传工作会议上的讲话》中又指出："我们一定会建设一个具有现代工业、现代农业和现代科学文化的社会主义国家"。这里提出了建设现代科学文化的

---

① 《周恩来选集》下卷，人民出版社1980年版，第132页。
② 《周恩来选集》下卷，人民出版社1980年版，第181—182页。
③ 《毛泽东著作选读》下册，人民出版社1986年版，第715页。

问题，体现了现代化对精神文明建设的要求。

1959年底至1960年初，毛泽东在《读苏联〈政治经济学（教科书）〉的谈话》中，又提出建设社会主义，除了要求工业现代化、农业现代化，科学文化现代化以外，还要加上国防现代化。第一次完整地表述了四个现代化的全部思想。

三、突破苏联工业化道路模式，走中国式的工业化道路

建国伊始，我国急于改变贫穷落后的面貌，变农业国为工业国，在被美国包围封锁的困境里，进行大规模的经济建设，只能借助社会主义国家苏联的援助，按优先发展重工业的模式走社会主义工业化之路。1956年掀起国民经济第一个五年计划建设高潮，各族人民劳动热情高涨，党和国家领导人十分关注经济建设中刚刚显露出的矛盾和问题，并进行了切实的大规模的调查研究工作。鉴于苏联在突出重视优先发展重工业的同时，严重忽视轻工业和农业，暴露出粮食和生活日用品短缺以及和农民关系紧张的经验教训，当时我国虽然没有发生像苏联那样的严重问题，但也需引以为戒。毛泽东在听取刘少奇关于经济建设工作情况汇报后，又亲自听取了中央34个部门的工

作汇报，在认真调查研究基础上，于1956年4月在中央政治局（扩大）会议上发表《论十大关系》的重要讲话。讲话把调动一切积极因素、为社会主义服务作为我国社会主义建设的基本方针。翌年2月，毛泽东在最高国务会议上作了《关于正确处理人民内部矛盾的问题》报告。在报告的最后一部分专门提出了中国工业化道路的问题，提出了工农业关系的思想。1962年，根据毛泽东的报告，党中央正式确定以农业为基础、以工业为主导发展国民经济的总方针。综观党中央和毛泽东有关中国工业化道路的论述，其主要内容大致有以下几点：

第一，确立调动一切积极因素，为社会主义事业服务的总方针。毛泽东在《论十大关系》中，开宗明义地指出："提出这十个问题，都是围绕着一个基本方针，就是要把国内外一切积极因素调动起来，为社会主义事业服务"。从毛泽东的有关论述来看，他所提出的调动一切积极因素，一是主要调动占我国人口绝大多数的工人、农民、知识分子的积极性；二是利用反动势力，争取中间势力，化消极因素为积极因素；三是在对待国际上各种势力的问题上，一切可以团结的力量都要团结，不中立的可以争取为中立，反对的也可以分化和利用。一切积极因素，包括人的因素，物的因素；经济因素，政治因素；党内的因素，党外的因素；国内的因素，国外的因素。在毛泽东看来，只要把这些相互区别又相互联系的诸种因素进行合理配置，让人尽其才，物尽其用，发挥最大的效力，来为社会主义服务，那么，我国的社会主义建设就会像民主革命那样，甚至比民主革命还要快还要好地取得一个又一个的胜利。怎样才能真正地做到调动一切积极因素，为社会主义建设服务呢？毛泽东主张要从以下几个方面着手来调动一切积极因素。

其一，在经济层面上，要合理配置经济因素，发挥现有经济力量的最优效力。要调动一切积极因素为社会主义建设服务，首先要从宏观上对经济发展的布局进行合理安排，挖掘其潜力，发挥其最大作用。为此，他指出在经济上要处理好以下几种关系：一是重工业、轻工业和农业的关系，将这三者合理配置，使其相互促进，共同发展。重工业是我国建设的重点，因为没有重工业制造的机器，轻工业、农业也就没有生产工具，也就无法快速发展；但是要优先发展重工业，又不能只从重工业本身看问题，如果忽视了与重工业发展有密切联系的轻工业和农业的发展，就会达不到优先发展重工业的目的。相反，在一定的条件下，大力发展轻工业和农业，满足了人民生活的需要，积累了资金，扩大了工业品市场，从而为快速发展重工业提供了前提条件。二是沿海工业和内地工业的关系。由于长期处于半殖民地半封建社会，中国的经济发展极不平衡，近代工业多集中于沿海城市，内地工业十分落后。社会主义经济发展无疑要改变这种不平衡的工业发展布局，逐渐地发展内地工业作为重点，这也是合理的。但是，要发展内地工业，必须充分发展和利用沿海工业的现有基础，发挥沿海工业的技术优势、资金优势，以带动内地工业的发展。所以毛泽东指出，发展内地经济，就要重视沿海经济的发展，使二者相互促进。三是经济建设与国防建设的关系。中国的社会主义制度刚刚建立，还没有完全巩固，因此，建设强大的国防必须以强大的经济做后盾，决不能把国防建设同经济建设对立起来。所以，毛泽东说，要真想加强国防，就一定要首先加强经济建设。除此之外，在经济层面上，毛泽东还论述了生产与需要、积累与消费、中央工业与地方工业等许多经济关系，以发挥经济因素的相互促进作用。

其二，在政治层面上，要处理好各种政治关系，以服务于社会主义建设。毛泽东始终注意政治在社会主义时期对经济作用的特点。在《论十大关系》、《关于正确处理人民内部矛盾的问题》等一系列讲话和文件中，他多次谈到处理好各种政治关系，以调动一切积极因素的问题。这些关系包括汉族和少数民族的关系、党与非党的关系、革命与反革命的关系、是非关系以及与此相关的知识分子问题、工商业者问题，等等。他认为，在这些关系上，必须根据不同的情况，采取正确的方针政策，才能团结一切可以团结的力量，化消极因素为积极因素，达到调动一切积极因素，为社会主义建设服务的目的。

其三，在文化层面上，要采取有效的文化政策，调动文化界的积极性，发挥文化对经济建设的积极作用。对此，毛泽东根据文化领域特有的发展规律，提出了"百花齐放，百家争鸣"的方针。

其四，在经济权益的层面上，要处理各种利益关系。他特别提出要处理好国家、生产单位和生产者个人的关系。他说："国家和工厂、合作社的关系，工厂、合作社和生产者个人的关系，这两种关系都要处理好。为此，就不能只顾一头，必须兼顾国家、集体和个人三个方面。"关于国家和生产单位的关系，他主张要给工厂以独立性。他说，把什么东西都集中到中央或省市，不给工厂一点权利、一点机动余地、一点利益，恐怕不妥，因此，原则上应该要保证各个生产单位都要有一个与统一性相联系的独立性，有一定的物质利益和经济权利，只有这样，才能调动企业的积极性。关于个人物质利益，他说："我们历来反对把个人物质利益看得高于一切，但这并不是反对关心群众生活。拿工人讲，工人的劳动生产率提高了，他们的劳动条件和集体福利就需要逐步有所改进。随着国民经济的发展，工资也需要适当调整。在合作社和农民问题上，我们也要兼顾国家和农民的利益，不能剥夺农民"。在利益关系问题上，毛泽东还特别提出了要正确处理整体利益和局部利益的关系，以发挥中央和地方两个积极性的问题。

其五，在人员安置的层面上，要处理好各种复杂的关系，做到"统筹兼顾，适当安排"。上述各种因素，归根结蒂是人与人的关系问题。毛泽东指出，天上的空气，地上的森林，地下的宝藏，都是建设社会主义所需要的重要因素，而一切物质因素只有通过人的因素，才能加以开发利用。为此，毛泽东特别注意研究人的问题。1957年1月，毛泽东在省市自治区党委书记会议上的讲话中讲到："我们的方针就是统筹兼顾，各得其所。包括把国民党留下来的军政人员都包下来，连跑到台湾去的也可以回来，对反革命分子，凡是不杀的，都加以改造，给生活出路。民主党派保留下来，长期共存，对它的成员给予安排。所有这些，都是统筹兼顾。

这是一个什么方针呢？就是调动一切积极因素，以利于社会主义建设，为社会主义建设服务。这是一个战略方针"。同年2月27日，在《关于正确处理人民内部矛盾的问题》的讲话中，他列专节讲了"统筹兼顾、适当安排"的问题，并着重指出，之所以要统筹兼顾、适当安排，就是为了"调动一切积极因素，团结一切可能团结的人，并且尽可能地将消极因素转变为积极因素，为建设社会主义社会这个伟大的事业服务"。

第二，重工业、轻工业、农业的发展关系问题。1957年2月，毛泽东在《关于正确处理人民内部矛盾的问题》报告中，明确提出中国工业化道路的思想。他所指的工业化道路，主要是指重工业、轻工业和农业的发展关系问题。优先发展重工业是苏联实施的工业化道路，因而人们都把它作为社会主义工业化的道路，以便与资本主义工业化道路区别开来。毛泽东以苏联为鉴戒，总结我国经验，以马克思主义理论勇气和大胆创新精神，解放思想，实事求是，明确指出，我国的经济建设在以重工业为中心的同时，必须充分注意发展农业和轻工业，提出发展农业和发展工业并举的主张。随后，经过对"大跃进"失误的沉痛反思，党中央进一步认识到了我国比苏联和东欧国家更加落后的现实。60年代初期，随着农业问题的突出和三年经济困难时期的到来，毛泽东在总结社会主义建设正反两方面经验教训的基础上，明确提出以农业为基础，以工业为主导的重要思想。1962年，党中央根据毛泽东关于重工业同轻工业、农业关系的新认识，把"以农业为基础，以工业为主导"确定为发展国民经济总方针。这个方针的提出，表明以毛泽东为核心的第一代党中央领导集体找到了一条符合我国国情的社会主义工业化道路，突破了那种把优先发展重工业作为社会主义工业化道路标志的传统观念，从而为进一步探索中国特色社会主义现代化建设道路提供了宝贵经验。

以农业为基础主要是因为我国是世界上人口最多的农业大国，农村人口占全国人口的80%以上。只有依靠自己的力量发展农业才能解决众多百姓的生存问题。农业是轻工业原料的主要来源和主要市场；农业是发展重工业的重要资金来源，农业的发展可为重工业扩大积累，同时也是重工业的重要市场，农业的发展需要大批的农机物资，可为重工业提供广阔的市场。可见，"我们现在发展重工业可以有两种办法，一种是少发展一些农业和轻工业，一种是多发展一些农业和轻工业。从长远观点来看，前一种办法会使重工业发展得少些和慢些，至少基础不那么稳固，几十年后算总账是划不来的。后一种办法会使重工业发展得多些和快些，而且保障了人民生活的需要，会使它发展的基础更加稳固"。①

以工业为主导，主要是因为工业是实现社会主义工业化的主体部分，是以其生产具有创造性、发明性和社会化的特点而成为先进生产力和先进生产方式的代表。工业的主导作用，实质上是工业特别是重工业对国民生计的支撑、改造和引导作用，体现了工业在整个国民经济中的带动作用。具体体现在工业（主要是重工业）为国民经济其他部门包括轻工业、农业、交通、输送新的技术装备，提供能源和原材料，起输送血液支撑其生命力的作用。

为了贯彻以农业为基础、以工业为先导的发展国民经济总方针，毛泽东提出以农、轻、重为序安排国民经济计划。这种安排是以农业为基础、以工业为主导的国民经济发展总方针在工作上的落实和具体体现，即安排国民经济计划必须从发展农业出发，在资金、物资、劳动力的分配方面，首先考虑农业，再考虑轻工业，然后根据轻工业的情况安排重工业。而重工业

---

① 《毛泽东著作选读》下册，人民出版社1986年版，第722—723页。

的安排，又必须首先考虑同农业有关部门和行业的协调。

　　以毛泽东为核心的第一代党中央领导集体提出的中国社会主义工业化道路的发展战略，是对马列主义社会主义工业化思想的创造性发展，也是对苏联工业化道路传统模式的突破。马克思恩格斯创立科学社会主义时，西方已经实现了资本主义工业化，不再存在社会主义工业化问题，因此他们没有这方面的论述。列宁、斯大林在十月革命胜利后，把工业化作为巩固和发展社会主义的物质基础，而工业化特别是重工业的资金积累只能依靠本国的节约和农业、轻工业的积累，反对资本主义靠掠夺殖民地的办法积累资金，其工业化道路主要把优先发展重工业放在压倒一切的首位。中国则重视发挥工业在发展国民经济中的主导作用，特别是重工业，是建立独立完整的国民经济体系和工业体系，摆脱半殖民地经济的物质基础；同时又从长远考虑，把重工业发展建立在稳定的基础上，强调了农业的基础地位，以农、轻、重为序安排国民经济计划。工业化的标志，不再像斯大林那样单纯以工业占国民经济中的百分比为准，更强调建立独立完整的国民经济体系和工业体系。党和毛泽东关于中国化道路思想之所以正确，最根本的是由于它完全是从中国特殊国情出发，借鉴苏联，总结我国社会主义建设经验得出的科学结论。

四、实现四个现代化分两步走的战略步骤的构想

党和毛泽东明确规定了实现我国社会现代化这一战略目标的时间和步骤。社会主义社会是一个相当长的历史阶段，建设社会主义现代化强国是极为艰巨的工程。毛泽东从中国的实际出发，设想先用3个五年计划，即15年左右，打个基础，然后再用7个五年计划，即从1953年起，经过10个五年计划，也就是到2000年，把我国建成一个伟大的社会主义现代化强国。1955年3月，毛泽东在党的全国代表会议的讲话中提出，要建成为一个强大的高度社会主义工业化的国家，就需要有几十年的艰苦努力，比如说，要有50年的时间。即20世纪的整个下半世纪。

1956年8月，在中共八大预备会第一次会议上，毛泽东又发出建设社会主义现代化强国的号召。他设想再有50年、60年，就完全应该超过世界上经济发达的国家。1956年9月，在中共八大会议上，毛泽东指出，要使中国变成富强的国家，需要50年到100年的时间。1962年1月，毛泽东在扩大的中央工作

会议上的讲话中指出"中国人口多、底子薄，经济落后，要使生产力很快地发展起来，要赶上和超过世界上最先进的资本主义国家，没有一百多年的时间，我看是不行的"，"我劝同志们宁肯把困难想得多一点，因而把时间设想得长一点。三百几十年建设了强大的资本主义经济，在我国，50年内外到100年内外，建设起强大的社会主义经济，那又有什么不好呢？"①

1963年9月，毛泽东修改《关于工业发展问题（初稿）》时，增写了一段文字："我国从19世纪40年代起，到20世纪40年代中期，共计105年时间，全世界几乎一切大中小帝国主义国家都侵略过我国，都打过我们，除了最后一次，即抗日战争，由于国内外各种原因以日本帝国主义投降告终以外，没有一次战争不是以我国失败、签订丧权辱国条约而告终。其原因，一是社会制度腐败，二是经济技术落后"。因此，"如果不在今后几十年内，争取彻底改变我国经济和技术远远落后于帝国主义国家的状态，挨打是不可避免的"。②这是从历史教训的角度进一步阐明建设社会主义强国的极端重要性。同年12月，毛泽东在修改周恩来向第三届全国人民代表大会第一次大

---

① 《毛泽东著作选读》下册，人民出版社1986年版，第828页。
② 《毛泽东文集》第八卷，人民出版社1999年版，第340页。

会上的政府工作报告草稿时，又增写了如下文字："我们不能走世界各国技术发展老路，跟在别人后面一步一步地爬行。我们必须打破常规，尽量采用先进技术，在一个不太长的历史时期内，把我国建设成为一个社会主义的现代化的强国"。

1964年12月，在制定国民经济的长远规划时，为了实现"四化"任务，周恩来根据毛泽东等人的意见，提出两步走的设想："从第三个五年计划开始，我国的国民经济发展，可以按两步来考虑。第一步，建立一个独立的比较完整的工业体系和国民经济体系；第二步，全面实现农业、工业、国防和科学技术的现代化，使我国经济走在世界的前列"。①

上述可知，毛泽东等党中央领导人对中国社会现代化的目标进行了不懈的探索，确立了社会主义现代化蓝图，这是党的第一代领导集体对中国社会发展的宏伟构想。当然，由于受历史条件的限制和毛泽东主观认识的局限，他设计的中国社会主义现代化蓝图只能是初步的，且一度急于求成，对在一个比较落后的处于初级阶段的社会主义国家实现现代化的长期性、艰巨性还是估计不足，有些方面由于受世界历史潮流的影响，还存在很大的局限性。

---

① 《周恩来选集》下卷，人民出版社1980年版，第439页。

中共十一届三中全会以后,邓小平对毛泽东设计的我国现代化目标作了修正和补充,使之进一步完善和具体化,进一步与中国的实际相结合,更加符合发展变化了的新的世界主题和时代潮流。邓小平在提出分"三步走"基本实现我国现代化的战略目标和战略步骤的同时,充分肯定毛泽东、周恩来在设计中国现代化目标方面所做的贡献。他指出:"四个现代化建设的方针和目标是毛泽东主席和周恩来总理生前提出来的。"①这是一种尊重历史事实的态度。邓小平在提出和完善建设有中国特色的社会主义理论中,继承和发展了毛泽东思想。

五、自力更生为主、争取外援为辅的方针

1958年6月,毛泽东在为国家计委起草的《第二个五年计划指标》写的批语中指出:"自力更生为主、争取外援为辅,破除迷信,独立自主地干工业、干农业、干技术革命和文化革命,打倒奴隶思想,埋葬教条主义,认真学习外国的好经验,也一定研究外国的坏经验——引以为戒,这就是我们的路线"。②周恩来在1963年9月末国庆招待会上也特别强调了这

---

① 《邓小平文选》第二卷,人民出版社1994年版,第234页。
② 《毛泽东文集》第七卷,人民出版社1999年版,第380页。

一方针。他说:"中国人民不论在革命斗争中,还是在建设事业中,都一贯采取自力更生为主、力争外援为辅的方针。我们认为,每一个国家的建设,都应该主要依靠自己的力量,像中国这样的大国更应该如此。中国人民主要依靠自己的力量,在一个占世界人口1/4的国家里建设社会主义,这本身就是对全人类的贡献,也就能够最好地履行自己的国际主义义务。"正是由于我国采取了自力更生为主、争取外援为辅的方针,当中苏关系恶化,苏联单方面撕毁重点工程建设合同,突然撤走专家、带走图纸,造成不应有的损失的艰难日子里,我国依靠自力更生的方针,充分激发了广大工人和工程技术人员的社会主义积极性,采取有力措施,较快地扭转了被动局面,有力地推进了重点工程建设事业。中国虽曾把苏联作为社会主义建设事业的盟友,然而由于始终坚持自力更生为主、争取外援为辅的方针,也就没有像东欧一些国家那样成为苏联的卫星国。上世纪80年代末苏联解体,中国虽然受到冲击,但没有像东欧国家那样随之"树倒猢狲散",这就有力地证明了我国采取这个方针的正确性。

当然,贯彻自力更生为主、争取外援为辅的方针,不可避免地会遇到许多困难,主要是工业化资金问题、科学技术问题、管理经验问题、人才资源问题，等等。对此，我国一是靠勤俭节约、艰苦奋斗；二是靠开展技术革命；三是靠调动一切积极因素、化消极为积极为社会主义建设服务；四是靠解放思想，埋葬教条主义，正确分析对待外国经验。艰苦奋斗，勤俭节约是党和国家一贯倡导的重要思想。1957年2月，毛泽东在《关于正确处理人民内部矛盾的问题》一文中，专用一节论述了这一问题。他明确指出："我们要进行大规模地建设，但我国还是一个很穷的国家，这是一个矛盾。全面地持久地厉行节约，就是解决这个矛盾的一个方法。"

科学技术是促进生产力发展，提高劳动生产率的关键。毛泽东一贯重视科学技术对于发展社会生产力和改造自然的重要作用。特别是对于我国这样一个落后的国家说来，要自力更生进行经济建设尤其需要科学技术的支撑，开展技术革命。早在革命战争年代，毛泽东就揭示了科学技术的认识功能和实践功能及其对社会发展的推动作用。1942年2月，他在出席延安边区自然科学研究会成立大会时说："人们为着在自然里得到自由，就要靠自然科学来了解自然，克服自然和改造自然，从自然里得到自由"，"自然科学是人们争取自由的一种武装"。[①]

[①]《新中华报》1940年8月15日。

建国初期，毛泽东向全党提出："我们进入了这样一个时期，就是我们现在所从事的、所思考的、所钻研的，是钻社会主义工业化，钻社会主义改造，钻现代化的国防，并且开始要钻原子能这样的历史的新时期……这是我们的任务。"①进入社会主义建设时期，开展科学技术革命提上议事日程，在毛泽东的关注下，根据周恩来的提议，1956年国务院成立了科学委员会，经半年的筹备编制了我国12年科技发展远景规划纲要（草案）。这个规划的指导思想是："必须按照可能和需要，把世界科学的最先进的成就尽可能迅速地介绍到我国的科学部门、国防部门、生产部门和教育部门中来，把我国科学界所最短缺而又是国家建设所最急需的门类尽可能迅速地补足起来，使12年后，我国这些门类的科学和技术水平可以接近苏联和其他世界大国"，②充分体现了要加快我国科学技术的发展的思想。1958年1月，毛泽东向全国发出了"把党的工作重点放到技术革命上去"的号召，要求各行各业破除迷信，解放思想，大力开展技术革命和技术新运动。在如何发展科学技术方面，毛泽东提出了"百花齐放，百家争鸣"的方针。早在1953年，毛泽

---

① 《毛泽东选集》第五卷，人民出版社1977年版，第144页。
② 《周恩来选集》下卷，人民出版社1980年版，第184页。

东就提出了对历史问题的研究要开展"百家争鸣"。1956年4月28日，他在中共中央政治局扩大会议的总结发言中提出："艺术问题上百花齐放，学术问题上百家争鸣，应该成为我们的方针。这实际上是要在科学技术问题上，集大家智慧、扬各人所长的发展道路"。"百家争鸣"作为我国发展科学技术的方针，是毛泽东在这个领域的独特贡献。

三大改造完成后，在社会主义现代化建设事业全面展开的过程中，毛泽东等党和国家领导人在总结国内外社会主义建设经验基础上，提出的上述精辟见解，是对有中国特色的社会主义建设道路的可贵探索，也是对马克思主义关于社会主义现代化建设理论的重要发展。然而，由于受主客观诸种因素的影响，毛泽东的探索并不是一帆风顺的，他的探索是在曲折中艰难进行的。这个探索的过程呈现给后人的是一幅顺利与挫折、胜利与失败、成功与失误相互交织而构成的历史画卷。

第三章　社会主义制度确立与现代化建设曲折探索

第一节　开启中国历史新纪元

中国自近代以来，民族独立和人民解放是中国人民面临的两大历史任务之一，凝聚着几代中国人的鲜血、光荣与梦想。1949年新民主主义革命的胜利和中华人民共和国的建立，使中国社会发生了翻天覆地的变化。从生产力到生产关系，从经济基础到上层建筑，开始了20世纪中国第二次历史性巨变。

建立新中国，是中国人民多少年来梦寐以求的理想。但在长时间内，由于反动力量远远大于人民革命力量，这种目标还只是个美好的愿景。随着解放战争走向全面胜利，随着建立新中国已成为越来越多的人的共同追求，这个问题便提到现实的议事日程上来了。

1948年4月30日，中共中央公布纪念"五一劳动节"的口号，发出"迅速召开政治协商会议"，"成立民主联合政府"的号召。这一号召得到各民主党派和海外华侨的热烈欢迎。他们冲破国民党反动派的层层阻挠和破坏，纷纷汇合到北平。1949年6月15日至19日，毛泽东主持召开了新政治协商会议筹备会第一次会议。他在开幕式上讲道："完成各项必要的准备工作，迅速召开新的政治协商会议，成立民主联合政府，以便领导全国人民，以最快的速度肃清国民党反动派的残余力量，统一全中国，有系统和有步骤地在全国范围内进行政治的、经济的、文化的和国防的建设工作……中国人民将会看见，中国的命运一经操在人民自己的手里，中国就将如太阳升起在东方那样，以自己的辉煌的光焰普照大地，迅速地涤荡反动政府留下的污泥浊水，治好战争的创伤，建设起一个崭新的强盛的名副其实的人民共和国。"

　　1949年9月21日下午7时，毛泽东等来到中南海怀仁堂，出席中国人民政治协商会议。大会在欢快的中国人民解放军进行曲和场外鸣放的54响礼炮声中隆重开幕，全体代表起立，热烈鼓掌达5分钟之久。这是一个具有历史意义的庄严时刻，这是中国各族人民空前大团结的象征，这是人民当家做主的盛会。

毛泽东在开幕词中庄严宣告："占人类总数四分之一的中国人民从此站立起来了……我们的民族将从此列入爱好和平自由的世界各民族的大家庭，以勇敢而勤劳的姿态工作着，创造自己的文明和幸福，同时也促进世界的和平与自由。我们的民族将再也不是一个被人侮辱的民族了，我们已经站起来了。我们的革命已经获得了全世界广大人民的同情与欢呼，我们的朋友遍于全世界。"毛泽东号召全国人民团结一致，把我国建设成一个繁荣昌盛的国家。从此，中国将以"一个具有高度文化的民族出现于世界……让那些内外反动派在我们面前发抖吧，让他们去说我们这也不行那也不行吧，中国人民的不屈不挠的努力必将稳步地达到自己的目的"。经过讨论，会议一致通过《中国人民政治协商会议共同纲领》、《中华人民共和国中央人民政府组织法》、《中国人民政治协商会议组织法》。会议决定：中华人民共和国的首都定于北京；采用公元纪年；以《义勇军进行曲》为代国歌；国旗为五星红旗。

1949年9月30日，会议根据《中华人民共和国中央人民政府组织法》，选举毛泽东为中央人民政府主席，朱德、刘少奇、宋庆龄、李济深、张澜、高岗为副主席，周恩来、陈毅等56人为委员，组成中央人民政府委员会，同时选出以毛泽东为主席的由180人组成的第一届中国人民政治协商会议全国委员会。

1949年10月1日下午2时，中央人民政府委员会举行第一次会议，一致决议宣布中华人民共和国中央人民政府成立，接受《共同纲领》为中央人民政府的施政方针。会议推选林伯渠为中央人民政府委员会秘书长，任命周恩来为中央人民政府政务院总理兼外交部长，毛泽东为中央人民政府人民革命军事委员会主席，朱德为中国人民解放军总司令，沈钧儒为中央人民政府最高人民法院院长，罗荣桓为中央人民政府最高人民检察署检察长，并责成他们从速组成政府机关，开始执行各项政府工作。下午3时，首都30万军民齐集天安门广场，隆重举行庆祝中华人民共和国中央人民政府成立盛典。毛泽东亲手升起了第一面五星红旗，并宣读中央人民政府公告，庄严宣告："中华人民共和国中央人民政府已于本日成立了"。

中华人民共和国的成立，标志着中国新民主主义革命已经取得基本的胜利，标志着中国人民受奴役受压迫的半殖民地半封建时代已经过去，中国已成为一个新民主主义的国家。中国历史从此进入了一个人民群众当家作主的新时代。新中国成立是中国历史的新纪元，也是中华民族伟大复兴的新起点，因为它是真正实现中国人民当家作主的伟大开端、成功迈向社会主义现代化的根本前提、重新走向世界大国的全新开始。

第二节 "一化三改"与社会主义制度确立

建国初期,以毛泽东为代表的中国共产党人把马克思列宁主义的普遍原理同中国革命的具体实践相结合,在国民经济恢复和发展的基础上,创造性地开辟了一条适合中国特点的社会主义改造道路,实现了从新民主主义到社会主义的转变,社会主义制度在中国确立,中国进入到社会主义的初级阶段。

一、生产资料私有制的社会主义改造

随着国内外形势的发展变化和实际工作经验的积累,并在苏联社会主义建设事业初步成功的强烈示范和鼓舞下,1952年底,毛泽东提出了加快从新民主主义向社会主义转变的过渡时期总路线。这就是:"从中华人民共和国成立,到社会主义改造基本完成,这是一个过渡时期。党在这个过渡时期的总路线和总任务,是要在一个相当长的时期内,逐步实现社会主义的工业化,逐步实现国家对农业、对手工业和对资本主义工商业

的社会主义改造。"以此为标志,旨在全面建立生产资料社会主义公有制的社会经济变革正式展开。

农业的社会主义改造,是遵循自愿互利、典型示范和国家帮助的原则,通过引导个体农民走互助合作的道路逐步实现的,一般经过农业生产互助组、初级社和高级社这样几个阶段。早在战争年代,各根据地和解放区就已出现农业劳动互助组,其特点是合用耕畜、集体劳动、各自经营。建国后,互助组有了更广泛的发展,到1952年参加互助组的农户占到全国农户总数的40%。从1953年开始,以土地入股、统一经营为特点的初级农业生产合作社大量发展起来,到1955年上半年达到67万个,参加农户约一千七百万户,占全国农户的14.2%。1955年夏季,开始试办高级农业生产合作社,其特点是耕畜农具作价归公,劳动产品按劳分配,其性质是社会主义的集体所有制经济。1956年农业合作化的步伐大大加快,当年底,全国已有96.3%的农户参加了合作社,有87.8%的农户参加了高级社。至此,基本实现了农业的合作化。

手工业的社会主义改造,是通过引导个体手工业者走合作化道路实现的。建国初期,手工业在我国工业生产中占有相当重要的地位,手工业产值占工业总产值的20%左右,手工业产品占农民所需工业品的60%到70%。对个体手工业的改造一般经过供销小组、供销合作社和生产合作社这样几个阶段。在农业合作化高潮推动下，手工业也出现合作化高潮。1954年全国还只有13.6%的手工业者参加合作社，到1956年年底已经有92%的手工业者组织到生产合作社中，个体手工业基本上实现了合作化。

资本主义工商业的社会主义改造，通过发展国家资本主义并对民族资本实行赎买政策而获得成功。国家资本主义的初级形式，在工业中主要有加工定货、统购包销等，在商业中主要有批销、经销、代销等，其特点是从企业外部的流通领域把社会主义经济与资本主义经济联系起来。国家资本主义的高级形式是公私合营。1955年以前主要进行单个企业的公私合营，其特点是生产资料由国家和资本家共同占用，盈利的分配按照所得税、公积金、福利基金、股息红利四部分实行"四马分肥"。1955年底开始进行全行业公私合营，其特点是生产资料全部交给国家进行清产核资，盈利分配不再按照企业利润率而是按照每年5%付给资本家定息，资方人员由国家安排工作。企业的生产关系实际上变成社会主义性质了。到1956年底，全国已有99%的私营工业户和82%的私营商业户实现了社会主义改造。

到1956年底，我国基本完成了对农业、手工业和资本主义工商业的社会主义改造。尽管在改造的后期由于要求过急，工作过粗，以致长期遗留了一些问题，但是有两个基本事实必须肯定：一是在一个几亿人口的大国，完成了消灭私有制这样一个深刻而复杂的社会变革，不但没有造成生产力的破坏，而且实现了国民经济的稳定发展；二是没有引起巨大的社会震荡，而是极大地加强了人民的团结，它是在人民基本上普遍拥护的情况下完成的，这的确是一个伟大的历史性胜利。

社会主义改造的胜利，使中国的生产资料所有制结构发生了根本性变化，公有制经济已经占据了绝对优势。1956年与1952年相比，在国民收入中各种经济成分所占比重：个体经济从71.8%下降为7%，私营经济从6.9%下降为0.1%，全民所有制经济、集体所有制经济和公私合营经济3项合计比重从21.3%上升到92.9%。这表明，社会主义经济已成为国民经济的主体经济成分，社会主义经济制度已经在我国建立起来，中国已经从新民主主义社会进入到社会主义社会初级阶段。这是我国历史上最深刻、最伟大的社会变革，是新中国历史发展中的一个重要的里程碑，也是20世纪中国第二次历史性巨大变革的重要标志。这也正如中共八大所指出的那样："由于我国社会主义改造取得了决定性的胜利，我国无产阶级同资产阶级的矛盾已基本解决，几千年来的阶级剥削的历史已经基本结束，社会主义的社会制度在我国已经基本上建立起来了。社会主义制度的建立，是我国新民主主义革命和新民主主义社会发展的必然结果，也是中国人民唯一正确的选择。"

中国共产党还在实践中创造性地开辟了一条适合中国特色的社会主义改造道路，即创造了一系列从低级到高级逐步过渡的形式，用和平的方法改造个体农业、手工业和资本主义工商业，并在历史上第一次实现了马克思和列宁关于对资产阶级和平赎买的设想，以新的经验和思想丰富了马克思主义的科学社会主义理论。

1980年5月5日，邓小平在会见几内亚总统杜尔时说："在搞社会主义方面，毛泽东主席的最大功劳是将马克思列宁主义的普遍真理同中国革命的具体实践结合起来。我们最成功的是社会主义改造。那时，在改造农业方面我们提倡建立互助组和小型合作社，规模比较小，分配也合理，所以粮食生产得到增长，农民积极性高。对资本主义工商业，我们采取赎买政策，一方面把它们改造成公有制，另一方面也没有损害国民经济的发展。我们长期允许手工业的个体经济存在，根据自愿的原则，其中大部分组织成合作社，实行集体所有制。由于我们是根据中国自己的特点采用这些方式的，所以几乎没有发生曲折，生产没有下降还不断上升，没有失业，社会产品是丰富的"。总之，"我们的社会主义改造搞得是成功的，很了不起。这是毛泽东同志对马克思列宁主义的一个重大贡献"。

二、社会主义工业化的起步

国民经济的恢复，为即将开始大规模工业化建设，打下了坚实的基础。中国共产党人用实际行动兑现了自己的承诺："我们不但善于破坏一个旧世界，我们还将善于建设一个新世界。"毛泽东曾直言不讳地说："现在我们能造什么？能造桌子椅子，能造茶碗茶壶，能种粮食，还能磨成面粉，还能造纸，但是，一辆汽车、一架飞机、一辆坦克、一辆拖拉机都不能造。"此话一语道出了新中国人们奋起直追的迫切心情。

1953年新年伊始，《人民日报》发表元旦社论，宣告我国开始执行第一个五年计划，号召全国人民同心同德，为实现工业化而积极奋斗。在进行社会主义改造的同时，我国发展国民经济的第一个五年计划也在顺利实施。第一个五年计划的制定与执行,是过渡时期总路线的重要内容,是我国从新民主主义社会向社会主义转变的重大步骤,标志着我国大规模的有计划的社会主义建设的开始。中国人民在获得了民族独立的同时,又将开始把国家富强的梦想逐步变成现实。

"一五"计划于1953年开始正式实施,其基本任务是:建立我国社会主义工业化的初步基础;集中主要力量进行以苏联帮助我国设计的156个建设项目为中心的、由694个建设单位组成的工业建设;发展部分集体所有制的农业生产合作社,并发展手工业生产合作社,建立对农业和手工业进行社会主义改造的初步基础;基本上把资本主义工商业分别纳入各种形式的国家资本主义的轨道,以建立对私营工商业进行社会主义改造的基础。"一五"计划规定的经济建设任务,主要是依靠我国自己的力量,加上苏联和其他友好国家的支援。

到1957年底,"一五"计划胜利实现。其主要成就是:

第一,一批国家工业化所必需的基础工业建立了起来。5年内全国完成的基建投资总额达550亿元,其中国家投资为493亿元。5年新增加固定资产460亿元,相当于1952年底全国拥有的固定资产原值的1.9倍。"一五"期间施工的工业建设项目一万多个,其中大中型项目921个。5年间,有595个大中型项目全部建成并投入生产。我国过去所没有的一些工业部门，包括飞机、汽车、重型机器、精密机器、发电设备、冶金和矿山设备、高级合金钢和有色金属冶炼等，也从无到有地建设起来，从而增强了基础工业的实力。"一五"期间，以铁路为中心的交通建设取得新的进展，到1957年全国铁路通车里程达到29900公里，比1952年增长22%；全国公路通车里程达二十五万多公里，比1952年增加1倍。与此相对应，工业技术基础得到加强，生产水平有了较大提高。5年内，工业总产值平均每年增长18%。计划规定的46种主要产品中，生铁、钢、钢材、水泥、发电机、机床、棉纱、棉布等27种物资的产量提前1年达到原定1957年达到的水平。1957年钢产量为535万吨，比1952年增长近三倍；煤炭产量为13100万吨，机床产量28000台，比1952年增长一倍左右。

第二，农业生产有了相当程度的发展。1957年农业总产值比1952年增长25%。粮食产量1952年达到1950.45亿公斤，比1949年增长71.8%；棉花产量达164万吨，比1952年增长25.8%。其他农作物的产量，也都有很大增长。同时，五年内全国扩大耕地面积5867万亩，造林21102万亩，大型水利建设和小型农田水利工程都有很大发展。从1953年到1956年，全国农业总产值平均每年递增4.8%。

第三，由于经济发展较快，经济效果较好，轻重经济部门之间的比例比较协调，市场繁荣，物价稳定，人民生活显著改善。在工农业生产的推动下，中国的邮电业、商业、外贸、科教事业以及电影、新闻出版、戏剧等文化事业都呈现欣欣向荣的景象。5年内，全民所有制部门的职工平均实际工资增长了30.3%；农民的收入增长30%；城乡居民的消费水平提高22.9%；每人平均的粮食、肉类、食用油、食用糖、棉布等主要消费品的消费量，都有不同程度的提高。

第四，初步建立起了计划经济体制的雏形。"一五"时期，为适应大批重点建设和社会主义改造的需要，进一步形成了集中型计划经济体制，其特点是经济管理权限大多在中央政府手中，主要表现在基建项目管理、工业企业管理、农产品管理、计划管理、财政管理、物资管理、劳动工资管理等几个方面。这种集中型的计划经济体制，其优点能够把社会的资金、物资和技术力量动员并集中起来，用于有关国计民生的重点项目，有利于较快地克服国民经济发展中的薄弱环节，调整生产力地区布局，从而比较迅速地形成新的生产力。在规模比较小、结构相对简单的经济中，这种体制可以有效运行，发挥积极的作用。

"一五"期间，在苏联的大力支持与帮助下，中国在工业建设上接连实现了具有历史意义的许多项零的突破。第一座生产载重汽车的长春第一汽车制造厂、第一座制造大型机床的沈阳机床厂、第一座大批量生产电子管的北京电子管厂、第一座试制飞机的沈阳飞机制造厂，相继建成。"一五计划"的制定和实施，是实现国家工业化的第一步，也是至关重要的一步。它为新中国建立比较完整的基础工业体系和国防工业体系奠定了初步的坚实基础，也积累了进行建设的初步的宝贵经验。

第三节 中国社会主义建设的曲折发展

中国走上社会主义道路，实现了中国历史上最深刻最伟大的社会变革，为实现中华民族伟大复兴奠定了根本的政治前提和制度基础。然而，在中国这样一个经济文化落后的东方大国如何建设社会主义，则是一个全新的课题，没有现成的路可走。在异常艰难的条件下，中国共产党带领全国人民自力更生、艰苦奋斗，开始进入全面的大规模的社会主义建设，并对适合中国国情的社会主义建设道路进行艰辛探索，不断开拓前进。

社会主义基本制度的全面确立，第一个"五年计划"顺利实施，极大地鼓舞着全国人民的热情，全党全国人民团结一心，斗志昂扬，为全面建设社会主义的伟大事业而努力拼搏。从1957年开始，农村普遍开展了大规模水利工程建设。许多当年建立起来的大型水库，至今仍然在当地的农业生产中发挥作用。1957年2月18日，全国农业劳动模范会议在北京召开；两天后，全国农业展览会在北京农业展览馆开幕。会议和展览，充分展示了农业战线的新成就。在工业战线上，仅仅1957年10月一个月内，相继建成的重大工程就有：我国第一个天然石油基地——玉门油矿；世界最高的公路——新藏公路；万里长江第一桥——武汉长江大桥。像这样的重大建设项目，在后来的国家经济建设和人民生产生活当中，发挥了巨大作用。

当时，我国的现代工业已经达到工农业生产总值的40%。这样的发展速度，是旧中国所不敢想象的。1957年钢产量达到535万吨，为解放前最高产量的5.8倍，煤炭产量达到1.31亿吨，为解放前最高产量的2.1倍。发电量达到193.4亿度，为解放前最高年发电量的3.2倍。到1957年底，第一个"五年计划"的经济指标大幅度超额完成。

"一五"期间，农业生产、交通运输、邮电通信、商业和科学教育文化事业都有很大的发展，人民生活水平也得到一定提高。各行各业蓬勃发展，整个国家欣欣向荣，蒸蒸日上，全社会呈现出崭新昂扬的精神面貌，社会主义中国充满生机和活力。

新中国的经济建设，是在苏联的直接影响和帮助下起步的。经过第一个"五年计划"的实践，中国共产党已经积累了进行建设的初步经验。同时，苏联和东欧一些社会主义国家在社会主义建设过程中也暴露出一些严重的矛盾和问题。在这种情况下，中国共产党人决心走自己的路，从中国的实际出发，开始探索一条适合自己国情的社会主义建设道路。

毛泽东认为，最重要的是要独立思考，以苏为鉴，找出在中国怎样建设社会主义的道路。

要探索中国社会主义建设的崭新道路，就必须对中国的实际情况有一个全盘的了解，这就需要进行周密系统的调查研究。毛泽东根据一个多月调查研究的情况，先后在1956年4月25日中央政治局扩大会议和5月2日最高国务会议上，发表《论十大关系》的著名讲话。他初步总结了我国社会主义革命和建设的经验，全面论述了社会主义经济、政治生活中十个方面的重大关系和原则。《论十大关系》标志着党的第一代中央领导集体对中国社会主义建设道路的探索，开始形成一个初步而又比较系统的思路。

《论十大关系》的提出，为中共八大的召开做好了理论准备。1956年9月15日，中共八大隆重召开。毛泽东在开幕词中开宗明义地指出："我们这次大会的任务是，为了建设一个伟大的社会主义的中国而奋斗。"中共八大明确提出：我国社会主义社会制度已经基本上建立起来了。今后国内的主要矛盾已经不再是工人阶级和资产阶级的矛盾，而是人民对于经济文化迅速发展的需要同当前经济文化不能满足人民需要的状况之间的矛盾；党和全国人民的当前的主要任务，就是要集中力量发展社会生产力，把我国尽快地从落后的农业国变为先进的工业国。

1957年2月27日，毛泽东在扩大的最高国务会议上作了《关于正确处理人民内部矛盾的问题》的重要讲话，明确提出必须正确区分和处理社会主义社会两类不同性质的矛盾，把正确处理人民内部矛盾作为国家政治生活的主题，以便团结全国各族人民发展我国的经济和文化，建设我们的国家。4月27日，根据毛泽东的意见，中共中央发出《关于整风运动的指示》，要求整风以正确处理人民内部矛盾为主题，与解决人民内部矛盾相结合。

在整风运动的过程中，对极少数右派分子的进攻实行坚决反击，是完全必要的。但由于当时党对阶级斗争和右派进攻的形势作了过分严重的估计，导致反右派斗争严重扩大化，造成了不幸的后果，党和国家的政治生活已经开始变得不正常了。1957年10月召开的八届三中全会开始改变党的八大关于社会主要矛盾的正确判断，党内"左"的思想日渐蔓延。

以毛泽东为主要代表的中国共产党人在探索建设社会主义的过程中，作出了一系列理论创造，提出了一系列独创性的理论观点。此时的中国，强烈的民族自豪感交织着建设新国家的巨大热情，汇聚成了一股无穷的力量，鼓舞着全国人民对未来的美好梦想。然而，当对梦想的追逐变得狂热时，人们逐渐忽视了理性的声音。"一五"计划取得的巨大成就，使中央和地方的不少领导干部滋长了骄傲自满情绪，夸大了主观意志和主观努力的作用，忽视经济规律，急于求成，对社会主义建设的长期性、复杂性估计严重不足。此时社会主义阵营取得的成绩也让中国领导人备受鼓舞。苏联领导人赫鲁晓夫提出要在15年内赶超美国。为纪念十月革命40周年而来到莫斯科的毛泽东在大会上发表演讲，提出中国将在15年内钢产量赶超英国。1957

年11月13日,《人民日报》社论中出现了一个新名词"大跃进",片面追求建设的高速度、高指标的"大跃进"运动在全国范围内开展起来。1958年5月,中共八大二次会议召开,通过了"鼓足干劲、力争上游、多快好省地建设社会主义"的总路线。此后,"大跃进"运动迅速形成了高潮。对速度的渴求同样出现在农业领域。1958年全国范围内掀起了农村人民公社化运动的高潮,一个多月时间里,全国74万个农业生产合作社就合并成为两万六千多个人民公社,99%的农户都参加了人民公社。以高指标、瞎指挥、浮夸风、"共产风"为主要标志的"左"倾错误严重地泛滥开来,正常的经济秩序被破坏,加之严重的自然灾害,1959年到1961年,国民经济出现了严重困难的局面。1960年,粮食和棉花产量跌落到1951年的水平。

随着"大跃进"和人民公社化运动的问题日益暴露,从1958年底到1959年上半年约八个月时间里,毛泽东领导全党和全国人民进行了初步纠"左"的努力。但是,1959年7月2日至8月1日的中央政治局庐山会议后期,毛泽东错误地发动了对彭德怀的批判,进而在全党错误地开展了"反右倾"斗争。这场斗争,使党内从中央到基层的民主生活遭到严重损害,在经济建设上打断了纠正"左"倾错误的进程。1960年,苏联单方面撕毁了和中国签订的600个合同，撤走全部1390名在华专家，停止供应中国建设急需的重要设备，使二百五十多个大型建设项目处于停顿、半停顿状态，新中国失去了唯一的外援，处在了建国以来国际、国内环境最为困难的时期。同时，我国遭遇了三年自然灾害，国民经济陷入极大的困境。1961年1月，在八届九中全会上毛泽东号召全党要"大兴调查研究之风"，搞一个"实事求是年"。这次会议还通过了"调整、巩固、充实、提高"的八字方针，国民经济进入全面调整时期。1962年1月，中共中央在北京召开扩大的中央工作会议（简称七千人大会），对近几年来的失误和挫折进行深刻的反思。经过全党的共同努力和全国人民的艰苦奋斗，调整工作取得较快成效，城乡人民生活开始好转。到1962年底，中央宣布，中国国民经济已经度过了最困难时期。

  在寻找适合中国国情的建设道路中，全党和全国人民努力奋斗，使我国的社会主义建设在曲折中向前发展。中国经济保持了比较快的发展速度，人民群众基本生活需求得到满足，人民文化素质和健康水平得到提高，国家科学技术发展取得成就，国际地位不断提高。其中最大的建设成就，是我国基本建立了独立的、比较完整的工业体系和国民经济体系，从根本上解决了工业化中"从无到有"的问题，使中国在赢得了政治上的独立之后赢得了经济上的独立，为中国未来的发展奠定了物质技术基础。但是，这一时期党和国家政治生活中的集体领导原则、民主集中制原则不断被削弱和破坏。毛泽东对当时国内阶级斗争形势以及党和国家的政治状况作出了严重错误估计，甚至认为中央出现了修正主义，整个国家面临资本主义复辟的现实危险，只有实行一场"文化大革命"才能解决问题。所以，正当我国胜利完成调整经济的任务，克服了国民经济中的严重困难，开始执行发展国民经济第三个五年计划的时候，"文化大革命"发生了。1965年11月10日，上海《文汇报》刊出《评新编历史剧〈海瑞罢官〉》一文，成为发动"文化大革命"的导火线。1966年5月16日，"五一六"通知下发，"文化大革命"正式发动。这是一场由领导者错误发动，被林彪、江青反革命集团利用的内乱，给党、国家和人民造成了新中国成立以来最严重的损失。国民经济遭到严重损害，民主和法制遭到践踏，科技水平在一些领域与世界先进国家的差距进一步拉大，党风和社会风气遭到严重破坏。但是，党内外的广大干部群众没有动摇对党和国家的坚定信念，他们顶着巨大压力，坚守岗位，坚持生产，为社会主义建设而默默努力。

第四章　历史转折与现代化建设新局面开创

第一节　历史的伟大转折

一、大转折的前奏

1976年秋，"文化大革命"的暴风雨终于在"四人帮"被粉碎的历史性时刻宣告结束。中国人民对给中华民族造成动乱灾难的"四人帮"进行了举世瞩目的公开审判，中国社会发展的历史航船从危险的漩涡中冲向光明的前程，从此揭开历史航程大转折的序幕。

就在"四人帮"刚刚被拘捕的当天夜里，中共中央政治局在玉泉山叶剑英住所召开了紧急会议。会上，华国锋宣布已经粉碎"四人帮"，并对此作了具体的说明，会场顿时变得热烈而活跃。会议作出了《中共中央关于华国锋同志任中国共产党中央委员会主席、中国共产党军事委员会主席的决议》。内容如下：根据伟大的领袖和导师毛泽东生前的安排，中共中央政治局一致通过，华国锋同志任中国共产党中央委员会主席、中国共产党中央军事委员会主席，将来报请中央全会追认。当10月14日党中央公布粉碎"四人帮"的消息后，早已期盼结束十年动乱的广大干部群众欢欣鼓舞，举国上下一片欢腾。粉碎"四人帮"成为中国社会发展走向历史大转折的起点。

"四人帮"被粉碎以后，中国面临着新的历史发展的大抉择。全国人民在经历了十年浩劫之后，对党和国家抱有强烈的期待，百废待举，百业待兴。但是，华国锋继续坚持"左"倾错误，提出了"两个凡是"，使广大党员干部群众期望"文化大革命"结束之后出现美好春天的愿望笼罩上一片阴云。面对如此形势，党的重要任务应当是在全国范围内彻底肃清"四人帮"长期造成的流毒影响，拨乱反正，纠正党在指导思想上的"左"倾错误，及时实现党的正确领导，端正党的马克思主义思想路线和组织路线，保证当代中国的历史航船沿着胜利发展的方向前进，建设社会主义现代化的强国。华国锋无法完成这个任务。邓小平的再度复出，已经成为党和国家历史发展从漩涡中浮出并驶向光明航程的客观要求，已经成为老一辈革命家和广大人民群众，迅速摆脱长期"左"的指导思想所造成的精神和心理压抑的强烈愿望。

邓小平抛弃个人利益，对华国锋"两个凡是"进行了一系列的批评，为党和国家走向社会主义现代化的航程而斗争。经过叶剑英等老同志多次反复的努力，终于在中共中央十届三中全会上恢复了邓小平的"三副一总"的领导职务，邓小平再度复出。在真理标准问题大讨论中，邓小平等老一代革命家旗帜鲜明地予以支持。由于以邓小平为代表的正确观点经过积极的阐释和同"两个凡是"的斗争，大讨论不仅取得了胜利，更重要的意义在于这场真理标准问题的大讨论，教育了广大干部和群众，为党的十一届三中全会实现的大转折创造了重要的理论准备和思想准备，成为大转折真正意义上的思想解放运动，成为大转折最有力的前奏曲。

粉碎"四人帮"、揭批"四人帮"、邓小平再度复出、真理标准问题的大讨论，构成了党的十一届三中全会的系列前奏曲，使历史进入了大转折的快车道。1978年11月10日至12月15日召开的中央工作会议原定的主题是经济问题本身，由于在粉碎"四人帮"之后两年的时间内，党在指导思想上仍坚持着

"左"的错误,致使党的路线、方针和政策,没有因粉碎"四人帮"和揭批"四人帮"的胜利而改变,广大干部和群众思想认识仍存在于混乱之中,特别是华国锋坚持"两个凡是",造成许多重大现实与历史问题无法解决。党内思想斗争也异常激烈,正值召开中央工作会议之机,陈云仗义执言,把关系到党的前途和命运的重大课题提到会议上来,得到参会者的积极支持和热烈拥护,会议及时转向了讨论建国以来若干重大历史问题包括重大的理论问题。经过反复的讨论,华国锋、汪东兴在会上作了自我批评,并欢迎同志们批评,表明党中央已经改变了原来坚持"两个凡是"和"以阶级斗争为纲"的"左"倾错误,终于使邓小平能够在闭幕会上发表了《解放思想,实事求是,团结一致向前看》的著名讲话,把这次会议的最终目的和中心思想作出鲜明集中的概括,后来被确认为党的十一届三中全会的主题,其意义重大程度可想而知。这次中央工作会议如同玉泉山会议与粉碎"四人帮"齐名不可分一样,与后来党的十一届三中全会的重大意义同样齐名不可分开,成为即将实现历史性转折的大揭幕。围绕党的工作重点转移问题的争论,在当时没有公开发表,正是为了防止出现影响全党工作重点转移的局面,避免了不必要的、可能干扰中心转移的全国性的大争论，为十一届三中全会作出的党的工作中心实现战略转移的大抉择，作了充分的思想准备，历史性的大转折开始了。

二、大转折的里程碑

中央工作会议结束后的第三天，即1978年12月18日至22日，十一届三中全会在北京隆重举行。会议结束了1976年10月粉碎"四人帮"以来党的工作在徘徊中前进的局面，从根本上冲破了长期指导思想上"左"的错误的严重束缚，解放思想，实事求是，重新确立了马克思主义的思想路线、政治路线和组织路线，确定把全党工作重点转移到社会主义现代化建设上来。会议仅用5天时间就解决了历史性的重大课题，主要体现为：

一是作出了全党工作重点转移的重大决策。全会决定：鉴于中央在二中全会以来的工作进展顺利，全国范围的大规模的揭批林彪、"四人帮"的群众运动已经基本上胜利完成，全党工作的着重点该从1979年转移到社会主义现代化建设上来。这是对邓小平在不久前召开的中央工作会议闭幕会上讲话中阐明的主题的正式确认。那次讲话实际上被公认为是这次三中全会的主题报告。这一重大决策成为中国历史大转折的主要标志，其意义极其深远。

二是发出了改变一切不适应生产力发展的改革信号。全会认为,实现社会主义四个现代化,反映了历史和人民愿望,代表了人民的根本利益。我国能否实现社会主义现代化,这是全国人民最为关心的大事。很快,历史性的大转折同历史性的改革紧紧联系在一起。二十多年的改革开放,充分证明了三中全会提出的改革思想的深刻内涵和重大意义。

三是明确了安定团结是社会主义现代化的客观需要。全会认为,把全党工作的着重点和全国人民的注意力转移到社会主义现代化建设上来,搞经济建设,特别需要一个稳定、宽松的社会环境,同时需要广大人民群众的共同参与。团结出力量,团结出智慧,团结才能稳定。因此,我们做一切事情,都应从是否有利于民族的团结和全社会的稳定出发,在政策上、制度上必须保证各民族的团结和全社会的稳定,应该按照严格区别和正确处理两类不同性质的矛盾的方针去解决,按照宪法和法律规定的程序去解决,决不允许混淆两类不同性质矛盾的界限,决不允许损害社会主义现代化建设所需要的安定团结的政治局面。并要求全党、全军和全国各族人民同心同德,进一步发展安定团结的政治局面,行动起来,鼓足干劲,群策群力,为建设社会主义现代化强国而进行新的长征。

四是回顾了建国以来经济建设的经验教训。会议认为，毛泽东在1956年总结我国经济建设经验的《论十大关系》报告中提出的基本方针，即把国内外一切积极因素调动起来，为社会主义服务，仍然具有重要指导意义。执行这一方针，国民经济就高速地、稳定地向前发展；反之，国民经济就发展缓慢甚至停滞倒退。因此，总结历史经验与教训，恢复和坚持按经济规律办事的行之有效的各项经济政策，采取一系列改革措施，在自力更生基础上，采用世界先进技术和先进设备，加强科学和教育，经济建设必将重新高速、稳定地向前发展。

五是确立了关心农民物质利益，保障农民民主权利，调动农民社会主义积极性的具体指导思想。全会认为，全党必须集中精力把农业搞上去，改变国民经济基础的薄弱状况。正如党的十一届三中全会《公报》指出的：逐渐实现农业现代化，才能保证整个国民经济的迅速发展，才能不断提高全国人民的生活水平。为此目的，必须首先调动我国几亿农民的社会主义积极性，必须在经济上充分关心他们的物质利益，在政治上切实保障他们的民主权利。全会提出了发展农业生产的一系列政策措施和经济措施，为农村改革指明了方向。

六是阐明了"文化大革命"中发生的一些重大事件及其某些历史遗留问题。会议认为，解决这些问题，对实现党的工作中心转变非常必要。会议肯定了1975年邓小平受毛泽东委托主持中央工作所做的努力并取得的积极成果，会议审查和纠正了过去对彭德怀、陶铸、薄一波、杨尚昆所作的错误结论，肯定了他们对党和人民的贡献；会议提出在揭批"四人帮"群众运动结束以后，仍要继续进行平反冤假错案工作，解决遗留问题必须遵循毛泽东一贯倡导的实事求是、有错必纠的原则。对于过去那种设专案机构审查干部的方式，弊病极大，必须永远废止。

七是强调用法律来保障人民民主，不允许任何人有超越法律之上的特权。全会总结"文化大革命"的教训，指出由于在过去一个时期内，民主集中制没有真正实行，离开民主讲集中，民主太少，当前这个时期特别需要强调民主，强调民主和集中的辩证统一关系。全会认为，在人民内部的思想政治生活中，只能实行民主方法，不能采取压制、打击手段。各级领导要善于集中人民群众的意见，对不正确的意见进行适当地解释说服。要保障人民民主，必须加强社会主义法制，使民主制度化、法律化。

八是重申坚持党的思想路线。会议认为，只有全党和全国人民在马列主义、毛泽东思想的指导下，解放思想，努力研究新情况、新事物、新问题，坚持实事求是，一切从实际出发、理论联系实际的原则，才能顺利实现工作中心的转变。虽然纠正了林彪、"四人帮"颠倒的许多思想理论是非，但仍存在不敢大胆地实事求是地提出问题和解决问题。要继续打破精神枷锁，解放思想，"开动机器"。

九是首次正确评价了毛泽东和毛泽东思想。会议着重指出：毛泽东在长期革命斗争中立下的伟大功勋不可磨灭。毛泽东是伟大的马克思主义者，没有他的卓越领导，没有毛泽东思想，中国革命有极大的可能到现在还没有胜利，党就还在黑暗中苦斗。要求一个革命领袖没有缺点、错误，那不是马克思主义，也不符合毛泽东历来对自己的评价。他对于包括自己在内的任何人，始终坚持一分为二的科学态度。因此，要历史地、科学地认识毛泽东的伟大功绩，完整地、准确地掌握毛泽东思想的科学体系，把毛泽东思想的普遍原理同社会主义现代化建设的具体实践结合起来，在新的历史条件下加以发展。

十是提出在适当时机对"文化大革命"问题作为经验教训加以总结。全会认为，对于"文化大革命"主要是鉴于苏联的情况。对这场运动的认识要想达到全党和全国人民的统一，不应匆忙进行，要在适当的时候，对其经验教训加以认真总结。这样做，既不影响实事求是解决历史遗留问题，也不影响集中力量实现四个现代化任务。

党的十一届三中全会解决了诸多方面的重大而迫切需要解决的问题，从其丰富的内容、深刻的阐述、科学的分析和高度的概括之中，确实表达了全党和全国人民的意愿和心声，引发了广大党员干部和全国各族人民的共鸣，标志着建国以来中国社会发展历史的大变化和大转折，而且是特别伟大的转折。

它标志着党的思想路线的根本性转变。是邓小平等老一辈革命家坚持解放思想、实事求是的思想路线，经过艰苦不懈的努力，取得了纠正党在指导思想上"左"的错误的主动权，通过党的十一届三中全会，坚决地恢复了党的马克思主义思想路线，使中国共产党偏离马克思主义思想路线达20年之久的状况，得以重新确立，使中国社会发展列车重新回到马列主义、毛泽东思想的正确轨道上来。

它标志着党的政治路线的根本性转变。如果没有党的十一届三中全会的重大抉择，党的政治路线不可能得到根本性纠正，如果发展下去则党、国家和人民的损失会更大，社会主义的前途不堪设想，而这次全会作出把全党的工作重点转移到社会主义现代化的建设上来，把长期以来的"左"倾，特别是"文化大革命"的极"左"政治路线从根本上加以扭转，无疑成为一次伟大的历史性转变，并将对中国社会发展和党的历史产生极大影响。

它标志着党的组织路线开始发生根本性转变。彻底改变了各种乱局，如许多领导干部遭到严重迫害、斗争和批判，造成一大批冤假错案，鼓动"怀疑一切、打倒一切"，使党的各级组织处在一个混乱状态，甚至被某些坏人钻了空子，各种"棍子"横行，党政军各级领导机关普遍受到冲击，任人唯贤的选拔制度和德才兼备的选拔干部的标准被废弃，民主集中制遭践踏的混乱局面。平反冤假错案，落实干部政策，调整领导班子，从根本上改变了组织路线，从而使党的思想路线，政治路线得到有力的组织保证。

它是20世纪中国历史上第三次巨变开始的标志。这三次巨变分别为：第一次是辛亥革命，开创了完全意义上的近代民族民主革命；第二次是中华人民共和国的成立和社会主义制度的建立，是在以毛泽东为核心的中国共产党第一代领导集体领导下完成的；第三次，就是党的十一届三中全会，完成了党的工作重点由"以阶级斗争为纲"向"以经济建设为中心"的转移，开创了有中国特色的社会主义道路，为奔向现代化新征途，树起一座历史丰碑。

第二节　改革开放的起步

一、拨乱反正胜利完成

十一届三中全会以后，思想路线、政治路线和组织路线的拨乱反正全面展开。邓小平在1979年春针对当时的主要矛盾问题作了正确的阐述："我们的生产力发展水平很低，远远不能满足人民和国家的需要，这就是我们目前时期的主要矛盾，解决这个主要矛盾就是我们的中心任务。"同时，针对社会上出现否定党指引的社会主义道路思潮，他在1979年3月党的理论工作务虚会上明确指出，坚持四项基本原则是实现四个现代化的根本前提。"如果动摇了这四项基本原则中的任何一项，那就动摇了整个社会主义事业，整个现代化建设事业。"为了进一步贯彻三中全会精神，针对许多理论问题和历史问题，党又召开了十一届四中全会，讨论并通过了叶剑英关于建国30周年的国庆讲话，这个讲话对建国以后的历史进行了初步的总结。之后，党中央在邓小平指导下，着手起草《关于建国以来党的若干历史问题的决议》。邓小平对此决议的起草提出了3条总的指导思想："第一，确立毛泽东的历史地位，坚持和发展毛泽东思想，这是最核心的一条；第二，对建国30年来历史上的大事，哪些是正确的，哪些是错误的，要进行实事求是的分析，包括一些负责同志的功过是非，要做出公正的评价；第三，对过去的事情做个基本的总结。"

在这个指导思想下，《决议》的起草工作，在胡耀邦主持下很快进入实质性阶段。邓小平先后十六七次约见中央负责同志和起草小组负责同志，精心指导起草工作。他特别指出："总的要求，或者说总的原则、总的指导思想，就是这么三条。其中最重要、最根本、最关键的还是第一条。"经过一年多艰苦努力，具有重大而深远影响意义的《关于建国以来党的若干历史问题的决议》终于完成，并在1981年召开的党的十一届六中全会上通过。可以说，党的十一届六中全会审议和通过的这一《决议》连同改选和增选中央主要领导成员两个重大事项，完全有理由证明：这次会议是继十一届三中全会以后我党历史上又一次具有重大意义的会议，是以党的指导思想完成拨乱反正的历史任务而载入史册。此次会议及其通过的《决议》构成了中国社会发展历史大转折的结束曲。

《决议》运用马克思主义基本原理，对建国前28年党的历史进行了实事求是的回顾与总结，对建国以来党的重大历史事件做出正确的总结，特别是彻底否定了"文化大革命"，科学地分析了党在这些事件中指导思想上的正确和错误，分析了产生错误的主观原因和社会原因，实事求是地评价了毛泽东在中国革命中的历史地位，充分论述了毛泽东思想作为中国共产党指导思想的伟大意义。

关于毛泽东的历史地位和毛泽东思想，这是《决议》的核心部分，其主要观点是：毛泽东是伟大的马克思主义者，是伟大的无产阶级革命家、战略家和理论家。他虽然在"文化大革命"中犯了严重错误，但是就他一生来看，功绩是第一位的，错误是第二位的。他为党和人民军队的创立和发展，为中国人民解放事业，为中华人民共和国的缔造和新中国社会主义事业的发展建立了永远不可磨灭的功勋。《决议》对毛泽东思想的科学涵义作了更加科学、严谨和完整的概括，指出"毛泽东思想是马克思列宁主义在中国的运用和发展，是被实践证明了的关于中国革命的正确的理论原则和经验总结，是中国共产党集体智慧的结晶"。这一新概括把毛泽东思想同毛泽东晚年的错误理论区别开来，有利于坚持与发展毛泽东思想。《决议》还对毛泽东思想的内容作出精辟的概括，指出其独创性体现在多个方面，其中包括：新民主主义革命、社会主义革命和社会主义建设、革命军队的建设和军事战略、政策和策略、思想政治工作和文化工作、党的建设等理论。《决议》还首次提出"毛泽东活的灵魂"，指出它是贯穿于上述各个组成部分的立场、观点和方法，有三个基本方面，即实事求是、群众路线、独立自主。

《决议》全面科学系统地阐述了中国革命、建设和改革的一系列理论和实践问题，内容丰富、分析深刻。《决议》是全党集体智慧的结晶，是正确地总结过去、开辟未来的具有划时代意义的经典文献，构成了中国社会发展历史大转折的结束曲，为以十一届三中全会为转折点的革命性变革走向新的航程建构了重要基础，为进入社会主义现代化建设的伟大新时期做了充分的准备。

二、农村家庭联产承包责任制的实行与完善

十一届三中全会以后，党总结历史经验，作出了对农村经

济体制进行改革的重大决策。农村改革不断深化、发展，使中国农业、农村发生了巨大的历史性的变化。

农村改革的主要内容就是在农村建立以家庭联产承包为主体的责任制。这一改革的推行，是从1979年春安徽省凤阳县18户农民自发地在第一张家庭联产承包合同书上按下21个手印开始的。1978年秋，安徽省凤阳县梨园乡小岗村遇上了百年不见的大旱，水库干涸，河水断流，农田龟裂，人畜缺水。为了抗灾度荒，安徽省政府决定，允许生产队将一部分耕地借给农户耕种，并鼓励农民个人开荒种粮，谁种谁有，国家不征税，不收统购粮。在这种政策推动下，1979年2月，小岗生产队的18户农民悄悄聚在一起，订立了把生产队土地划分到户，包干经营的秘密协议。结果，小岗生产队当年不仅没有因灾减产，反而获得了20年来的第一次空前的大丰收。1979年一年的粮食产量相当于1966年至1970年5年产量的总和，油料产量超过了合作化以来二十多年产量的总和。事实教育了群众和干部。到1979年底，安徽省凤阳县83％的生产队都实行了包干到户的责任制。此后，包产到户的星星之火，迅速燃遍了全国农村。

尽管包产到户式的联产承包责任制已经经历了历史的检验，也为群众所拥护，但真正彻底冲破"左"的束缚，作为一项战略决策确定下来并在全国推广,却经历了一个艰难的过程。十一届三中全会通过的《中共中央关于加快农业发展若干问题的决定》确定了一个正确的总的指导思想。但由于各种复杂的原因,这个文件在一些问题上仍没有完全冲破"左"的束缚。1983年1号文件标志着家庭联产承包责任制作为农村改革的一项战略决策的正式确立。此后,家庭联产承包责任制在中国广大农村普遍推广开来。这一决策的确立与实施是我国农村改革的第一步,这一步有着极其重大的意义。

首先,家庭联产承包责任制改变了过去人民公社体制下的平均主义的分配方式,使农民的劳动与收入直接联系起来。其次,家庭联产承包责任制成功地确立了家庭经营的主导地位,实现了土地所有权与经营权的分离,赋予了农民对土地的经营权利,从而使农民获得了人民公社时期不可想象的财产支配权。第三,家庭联产承包责任制促进了农业生产结构的调整。承包经营使社会分工得到了进一步的发展,从而为商品经济的发展奠定了基础,也为非农产业特别是乡镇企业的发展开辟了更广阔的道路。

农业的发展也带动了工业的迅速发展。由于农村物资积累和农民收入都大幅度提高,整个农村市场迅速扩大。与此同时，农业的发展也为工业提供了越来越多的原材料，这样就为工业的迅速发展奠定了良好的基础。70年代末80年代初，我国整个国民经济进入了更富活力的时期。

三、政治体制改革的初步实践

中国的政治体制，是脱胎于革命战争年代根据地的体制而在社会主义改造时期初步确立的。它的明显特点是，强调权力的集中统一而忽视权力的合理配置，突出国家的阶级职能而忽视国家的管理职能。实行这种体制，对于克服建国初期的困难，抵御敌对势力的封锁和维护国家的独立统一，对于建立社会主义的经济制度和国民经济体系，起到了重要的历史作用。但是，随着中国社会主义改造基本完成，国内主要矛盾发生根本变化，国家转入经济、政治、文化全面建设之后，这种体制与新的形势和任务的不适应性，就逐步暴露出来了。1956年中共八大时，以毛泽东为代表的中央领导集体就认识到这种不适应性，并提出了政治体制应该相应调整和转变的任务。遗憾的是，由于多方面的原因，不但没有对这种政治体制进行改革，在某些方面还强化了这种体制。

真正考虑对政治体制进行改革是在十一届三中全会前

后。1978年10月，邓小平代表中共中央在中国工会第九次全国代表大会的致词中指出，实现四个现代化是一场革命，"这场革命既要大幅度地改变目前落后的生产力，就必然要多方面地改变生产关系、改变上层建筑，改变工农业企业的管理方式和国家对工农业企业的管理方式，使之适应现代化大经济的需要"。1978年12月13日，邓小平在《解放思想，实事求是，团结一致向前看》这篇报告中再次强调："要正确地改革同生产力迅速发展不相适应的生产关系和上层建筑"。在十一届三中全会上，进行上层建筑的改革成为许多有远见的政治家们的共识。1979年9月29日，叶剑英代表中共中央、全国人大常委会和国务院《在庆祝中华人民共和国成立三十周年大会上的讲话》中，也明确提出："我们要在改革和完善社会主义经济制度的同时，改革和完善社会主义政治制度，发展高度的社会主义民主和完备的社会主义法制"。根据当时认识的程度，中共十一届五中全会对中国共产党自身的领导体制进行了改革，如成立中共中央书记处等。

1980年8月18日，邓小平在中共中央政治局扩大会议上作《党和国家领导制度的改革》的讲话，这是进行政治体制改革的纲领性文件。邓小平说："改革党和国家的领导制度及其他制度，是为了适应社会主义现代化建设的需要，为了适应党和国家政治生活民主化的需要，为了充分发挥社会主义制度的优越性。我们进行社会主义现代化建设，是要在经济上赶上发达的资本主义国家，在政治上创造比资本主义国家的民主更高更切实的民主，并且造就比这些国家更多更优秀的人才。"邓小平的这篇重要讲话，系统地总结了中国共产党、国家领导体制和领导制度方面的经验和教训，科学地分析了现存的诸如官僚主义、权力过分集中、家长制、干部领导职务终身制、形形色色的特权现象以及民主和法制不健全等弊端及其产生的原因，提出了政治体制改革的目标、原则、方向和任务。他说："如果不坚决改革现行制度中的弊端，过去出现过的一些严重问题今后就有可能重新出现。只有对这些弊端进行有计划、有步骤而又坚决彻底的改革，人民才会信任我们的领导，才会相信党和社会主义，我们的事业才有无限的希望。"

关于改革党和国家领导体制的意见，得到了中共中央领导集体和广大人民群众的普遍赞同。中共中央政治局扩大会议后，为革除权力过于集中这个弊端，采取了若干措施，首先是实行党政分权。在五届全国人大三次会议上，决定中共中央主席华国锋不再担任国务院总理，由赵紫阳接任。此外，党还在基层试行党政分开和机构改革。十二大再次提出:"我们一定要按照民主集中制的原则,继续改革和完善国家的政治体制和领导体制,使人民能够更好地行使国家权力,使国家机关能够更有效地领导和组织社会主义建设。"在这之后,包括新宪法在内的立法得到全国人民的极大重视,立法进程明显加快,干部队伍的新老交替开始有秩序地进行,政治体制改革实际上开始启动。但是,由于经济建设和经济体制改革的紧迫性,也由于政治体制改革的复杂性,从稳妥出发,中央没有对政治体制改革进行全面部署。

第三节　改革开放和现代化建设新局面的全面开创

十一届三中全会作出把党和国家工作中心转移到经济建设上来、实行改革开放和历史性决策,吹响了"走自己的路,建设中国特色社会主义"的时代号角后,十三大进一步提出了以"一个中心、两个基本点"为内核的社会主义初级阶段基本路线。在邓小平建设中国特色社会主义理论和党在社会主义初级阶段基本路线的指引下,我国改革开放和社会主义现代化建设开创了崭新局面。

一、全面开创社会主义现代化建设新局面的行动纲领

十一届三中全会以来，经过全党和全国人民的艰苦努力，我国已经在指导思想上完成了拨乱反正的艰巨任务，在各条战线的实际工作中取得了拨乱反正的重大胜利，实现了历史性的伟大转变。在新的历史时期，全党面临的历史重任，就是要通过对过去6年历史胜利的总结，为进一步肃清十年内乱所遗留的消极后果，全面开创社会主义现代化建设的新局面，确定继续前进的正确道路、战略步骤和方针政策。

在这种背景下，1982年9月，中国共产党第十二次全国代表大会在北京隆重举行。邓小平在开幕词中总结了党的八大以来的历史经验，提出了十二大的指导思想和基本任务，强调指出："我们的现代化建设，必须从中国的实际出发"，"把马克思主义的普遍真理同我国的具体实际结合起来，走自己的路，建设有中国特色的社会主义，这就是我们总结长期历史经验得出的基本结论"。

胡耀邦在中国共产党第十二次全国代表大会上作了题为《全面开创社会主义现代化建设的新局面》的政治报告，报告

运用马克思列宁主义、毛泽东思想的基本原理，在总结过去工作的基础上，根据邓小平关于建设有中国特色社会主义的基本指导思想，分析了我国当前政治和经济形势，就如何建设有中国特色的社会主义作出了初步的规划，制定出了具体的行动纲领。

第一，实事求是地确定了我国经济建设的战略目标、战略重点、战略步骤和一系列正确方针。报告规定从1981年到20世纪末的20年，我国经济建设总的奋斗目标是，在不断提高经济效益的前提下，力争使全国工农业的年总产值翻两番，即由1980年的7100亿元增加到2000年的28000亿元左右。经济发展的战略重点是解决好农业、能源和交通、教育及科学问题，并力争把全国人口控制在12亿以内。在战略部署上要分两步走，前10年主要是打好基础，积蓄力量，创造条件，后10年要进入一个新的经济振兴时期。

第二，从马克思主义的理论高度和政治高度出发，论述了建设社会主义精神文明的意义和作用。报告指出，我国在建设高度物质文明的同时，一定要努力建设高度的社会主义精神文明。精神文明和物质文明在社会主义建设中有着十分密切的关系，两种文明的建设，既互为条件，又互为目的。物质文明的建设是社会主义精神文明建设不可缺少的基础，社会主义精神文明对物质文明的建设不但起着巨大的推动作用，而且还保证了它的正确的发展方向。

第三，从坚持人民民主专政的国家制度出发，规定了建设高度的社会主义民主的方针原则。社会主义的物质文明和精神文明建设，都要靠继续发展社会主义民主来保证和支持。建设高度的社会主义民主，是我国的根本目标和根本任务之一。要按照民主集中制的原则，继续改革和完善国家的政治体制和领导体制，并把社会主义民主扩展到政治生活、经济生活、文化生活和社会生活的各个方面，发展各个企业事业单位的民主管理，发展基层社会生活的群众自治，要把社会主义民主的建设同社会主义法制的建设紧密地结合起来，使社会主义民主制度化、法律化。

第四，阐明了党的独立自主的对外政策。报告指出，中国的前途同世界的前途是息息相关的。把爱国主义和国际主义结合起来，从来是我国处理对外关系的根本出发点。我国是爱国主义者，决不容忍中国的民族尊严和民族利益受到任何侵犯。我们是国际主义者，深深懂得中华民族利益的充分实现不能离开全人类的总体利益。我们决不依附于任何大国或者国家集团，决不屈服于任何大国的压力。中国的对外政策是从中国人民和世界人民的根本利益出发的。我们始终坚持和平共处的五项原则。中国把坚决同第三世界其他国家一起为反对帝国主义、霸权主义、殖民主义而斗争，看作自己神圣的国际义务。我们要作出更大的努力，加强自己的建设，以便为维护世界和平，促进人类进步发挥应有的作用。

第五，提出了当前党的建设上必须着重解决好的几个问题。为了把党建设成为领导社会主义现代化事业的坚强核心，根据党的现状和新党章的精神，报告着重提出党的建设上的几项任务：健全党的民主集中制，使党内政治生活进一步正常化，改革领导机构和干部制度，实现干部队伍的革命化、年轻化、知识化、专业化，加强党在工人、农民、知识分子中的工作，密切党同群众的联系，有计划有步骤地进行整风，使党风根本好转。

党的十二次全国代表大会的政治报告，在思想路线及方针、政策方面，总结继承了十一届三中全会以来已被实践证明的实事求是的正确思想路线，同时又是它的进一步充实和发展，并且更加切合中国实际。政治报告中，不论是对形势的分析判断，还是对未来任务的规划确定，都努力贯彻遵循辩证唯物主义的基本原则，体现唯物辩证法的基本要求，因而具有高度的科学性和充分的说服力，是统一全国人民思想的行动纲领。政治报告中依据实事求是原则，从中国实际出发所制定的全面开创社会主义现代化建设新局面的正确纲领和一系列方针、政策，是今后党的各项工作的基本依据。

二、从农村改革到城市改革

第一，乡镇企业的异军突起。农村改革最引人注目的成果就是乡镇企业的异军突起。1978年以后，随着农村改革的进行，乡镇企业以惊人的速度迅速发展起来。1978年，我国社办、村办企业只有152.42万个，联户企业和个体企业则几乎是空白。到1989年，乡镇企业已发展到1868.63万个，10年的时间，增长了十倍。乡镇企业就业人数的增长也非常惊人，1978年乡镇企业就业人数只有2826.56万人，占农村总劳动力的9.5%，到1990年，就业人数已达9264.8万人，占农村总劳动力的22.1%。乡镇企业的产值更是一年一个台阶，改革开放之初每年平均净增100亿元。总之，到上世纪80年代末，乡镇企业已是国民经济的重要支柱之一。有人曾形象地说："现在整个国家经济格局三分天下，乡镇企业已居其一。"

党在总结历史经验和群众创造的基础上所作出的各项决策对乡镇企业的发展起了直接的推动作用。1984年，党中央和国务院根据发展的新情况，决定将社队企业改称为乡镇企业，乡镇企业的范围由原来公社、大队两级办的企业扩大为乡（原公社、镇）、村（原大队、村民小组）举办的企业、部分农民联营的合作企业和农民家庭举办的个体企业。1984年3月1日，《中共中央、国务院转发农牧渔业部和部党组（关于开创社队企业新局面的报告）的通知》从几个方面充分肯定了乡镇企业的重要意义，要求各级党委和政府对乡镇企业的发展积极引导并大力扶持，《中共中央关于1984年农村工作的通知》还鼓励农民向各种企业投资入股，本着自愿互利的原则，将资金集中起来，联合兴办各种企业。1985年，中共中央《关于国民经济和社会发展第七个五年计划的建议》，提出了对乡镇企业"积极扶持，合理规划，正确引导，加强管理"的方针。之后几年里，中央和地方各级政府又颁布了许多促进乡镇企业发展的政策法规文件。

乡镇企业的迅速发展从根本上改变了我国广大农村地区的面貌，反映出我国农村现代化的曙光。第一，乡镇企业的发展成功地实现了农村劳动力向工业和其他各产业的转移。这种劳动力转移是农村现代化的必由之路。乡镇企业"离土不离乡,进厂不进城"的吸收农村剩余劳动力的方式,为我国解决农村剩余劳动力这个问题找到了一条可行的途径。据统计,1978年到1989年10年间,我国乡镇企业吸收的农村劳动力达六千多万个。第二,乡镇企业的发展,大大促进了我国农业生产的发展。农业实行联产承包责任制后,农户已成为农业生产的投资主体。乡镇企业的发展大大增加了农民的收入。1978年至1989年10年累计,乡镇企业用于农民分配的资金共为3828亿元,占同期农民净收入增量的25%。第三,乡镇企业的发展促进了农村各项事业的发展,促进了农村社会的安定,促进了农民生活方式和思想观念的变化。乡镇企业的发展,促进了农村的社会分工、改变了农民的生产方式和生活方式,把农民从偏僻落后、被历史遗忘的穷乡僻壤拉出来,卷入现代生活的漩涡,农民也有更多的钱拿来办文化教育事业,从而为农村今后的发展打下了更好的基础。

第二,城市经济体制改革的启动。农村改革的初步成功,农村经济发展对城市的要求,促进了为以城市为重点的整个经济体制的改革。十一届三中全会前后所进行的城市改革的试点和探索,也取得了一定成效,积累了重要经验,为继续改革奠定了一定的基础。对外开放使人们眼界大开，看到发达国家经济的发展和正在兴起的新技术革命对中国经济发展提供的机遇与挑战，进行经济体制改革显得更为迫切。

中共十二大以后，中共中央和国务院开始排除阻力，着手进行全面改革的准备。1984年初，中共中央和国务院组织有关部门开始起草关于经济体制改革的决定。经过深入反复的研究讨论，将决定草案提交中共十二届三中全会审议通过。全会认为，必须按照把马克思主义基本原理和中国实际结合起来，建设有中国特色的社会主义的总要求，进一步贯彻执行对内搞活经济，对外实行开放的方针，加快以城市为重点整个经济体制改革的步伐。1984年10月，中共十二届三中全会通过了《关于经济体制改革的决定》。《决定》总结了建国以来特别是十一届三中全会以来经济体制改革的经验，比较系统地提出和阐明了经济体制改革中的一系列重大理论和实践问题，是全面进行经济体制改革的纲领性文献。

《决定》在科学社会主义理论上具有划时代意义的贡献是突破了把计划经济同商品经济对立起来的传统观点，确认中国社会主义经济是公有制基础上的有计划的商品经济。商品经济的充分发展是社会经济发展不可逾越的阶段，是实现中国经济现代化的必要条件。只有充分发展商品经济，才能把经济真正搞活，促使各个企业提高效率，灵活经营，灵敏地适应复杂多变的社会需要，而这是单纯依靠行政手段和指令性计划所不能做到的。进一步贯彻执行对内搞活经济，对外实行开放的方针，加快以城市为重点的整个经济体制改革的步伐，是当前中国形势发展的迫切需要。改革的基本任务是建立具有中国特色的、充满生机和活力的社会主义经济体制，促进社会生产力的发展。《决定》系统地阐明了建立充满生机活力的社会主义经济体制所需要解决的主要问题，如增强企业活力，发展社会主义商品经济，建立合理的价格体系，实行政企职责分开，正确发挥政府机构管理经济的职能，积极发展多种经济形式，进一步扩大对外和国内的经济技术交流。

《决定》的通过和实施，标志着中国经济体制改革已经从试点和探索阶段进入到全面展开阶段。从1984年至1988年，城市经济体制主要进行了关系全局的国有企业、经济调控方式、价格、所有制结构等四个方面的重大改革。通过以上4个方面以及其他方面的改革，中国城市经济生活呈现出前所未有的活跃局面。中国的社会生产力上了一个大台阶，综合国力上了一个大台阶，人民生活水平上了一个大台阶。

三、从经济体制改革到各方面体制改革

第一,经济体制改革的推行。1985年9月在党的全国代表会议上讨论通过的《中共中央关于制定国民经济和社会发展第七个五年计划的建议》中,提出了今后五年经济体制改革的进一步设想和实施步骤,要求在这个期间大体形成新的经济体制框架,使经济运行走上新体制的轨道。这个建议是指导中国经济体制改革不断前进的又一纲领性文件。

第二,科技体制、教育体制改革的展开。随着全面经济体制改革的开展,科技体制和教育体制的配套改革成为越来越迫切需要解决的战略性任务。1985年3月、5月,中央和国务院分别召开全国科技工作会议和全国教育工作会议,讨论、部署科教体制改革工作,邓小平出席了这两次会议,并作了重要讲话。3月13日,中共中央发布《关于科学技术体制改革的决定》;5月27日,又发布《关于教育体制改革的决定》。这两个决定是科教体制改革的纲领性文件,标志科学技术体制和教育体制全面改革正式开始。

科技体制改革决定指出,改革的根本目的,是使科学技术成果迅速地广泛地应用于生产,使科学技术人员的作用得到充

分发挥，大大解放科学技术生产力，促进经济和社会的发展。为实现这一目的，决定提出了具体而全面的改革措施，主要有以下几个方面的内容：首先，在科技运行机制方面，把市场手段引入科技管理领域，尊重价值规律在科技工作中的作用，行政计划手段与市场手段相结合，增强科技发展及面向经济建设的活力。其次，在组织机构方面，调整科学技术系统的组织结构，鼓励研究、教育、设计机构与生产单位联合，强化企业的技术吸收和开发能力。再次，在科研机构和科技人员管理方面，扩大研究机构自主权，改善政府对科技工作的宏观管理，为科技人员创造良好的成才和工作环境，充分发挥科研机构和科技人才的积极性和创造性。最后，在科技工作对外开放方面，形成学习和引进外国先进科学技术的机制，加强对外科技交流，使科技工作走向世界。

教育体制改革决定，围绕培养掌握现代知识和技能的社会主义现代化建设人才的目标，针对旧体制的弊端，提出改革教育管理体制，在加强宏观管理的同时，坚决实行简政放权，扩大学校的办学自主权；调整教育结构，相应地改革劳动人事制度；改革同社会主义现代化建设不相适应的教育思想、教育内容、教育方法。改革的主要措施包括：首先，把发展基础教育的责任交给地方，有步骤地实行九年制义务教育。其次，调整中等教育结构，大力发展职业技术教育。最后，改革高等学校的招生计划和毕业生分配制度，扩大高等学校办学自主权。

经过几年努力，我国的科技体制和教育体制改革取得了很大的进展。科技工作方面，拨款制度改革基本上完成预定目标，大批科研机构通过新的运行机制走上了经济建设主战场。技术市场对科技成果转化为现实生产力的作用日益加强，合同成交额从1984年的7.2亿元上升到1991年的94.8亿元，1993年达207亿元，平均年增长60%以上，并保持急剧上升势头。一些国家级和地方的经济技术开发区初具规模，科技工作已经形成3个层次的合理纵深配置。教育工作方面，通过实施义务教育法，基础教育"地方负责、分级管理"的体制基本形成，中等教育结构调整后趋向合理，直接面向经济建设的中等职业教育。1980年全国高中阶段职业技术学科招生数占高中阶段招生总数的比重只有21%，到1990年这个比重上升到48%。科技、教育体制改革，极大地解放和发展了我国的社会生产力，创造了巨大的经济效益和社会效益。科技体制改革使我国工业科技成果的推广应用率比改革前提高了一倍以上，大批企业的生产技术水平从世界上五六十年代的水平一跃而跨入80年代的水平。农业劳动生产率和经济效益也有大幅度提高。教育体制改革后，教育工作为经济建设培养了大批急需的人才，大大提高了劳动力素质。他们与先进的科技相结合，使我国生产和管理水平上了一个新台阶。

第三，政治体制改革的再次起动。在五届全国人大三次会议之后，包括新宪法在内的立法得到全国人民的极大重视，立法进程明显加快，干部队伍的新老交替开始有秩序地进行，政治体制改革实际上开始启动。按照邓小平和中共十二大的改革思路，中共中央对政治体制改革进行了广泛深入的调查研究。经反复研讨，最后形成了政治体制改革的总体设想。1987年10月，十三大作出了"把政治体制改革提上全党工作日程的时机已经成熟"的判断，并提出了实行党政分开、进一步下放权力、改革政府工作机构、改革干部人事制度、建立社会协商对话制度、完善社会主义民主政治的若干制度、加强社会主义法制建设共7个方面的改革措施。十三大在提出进行政治体制改革的同时，也明确提出了改革必须遵循的原则。其中最重要的原则是：决不能搞破坏国家法制和社会安定的"大民主"，不能照搬西方的"三权分立"和多党轮流执政。这就为国家政治体制的改革确定了方向。十三大之后，中国政治体制改革正式启动，并取得了一定成效。

四、从开办特区到开放沿海一线

第一，建立经济特区，对外开放拉开序幕。1979年初，广东省委在传达十一届三中全会精神期间，提出了利用邻近港澳的有利条件，加快发展经济的设想。同年4月在中央工作会议期间，当时广东省委主要领导同志汇报了广东的设想。邓小平说："对！办一个特区。过去陕甘宁就是特区嘛！中央没有钱，你们自己去搞，杀出一条血路来。"中央根据邓小平的意见，当时主管这方面工作的国务院副总理谷牧带工作组到广东、福建考察，同两省领导同志研究试办特区问题，经过考察，确定在深圳、珠海、汕头、厦门四个地方划出一块地方试办特区。

1982年11月，中共中央、国务院批转的《当前试办经济特区工作的若干问题的纪要》，对经济特区的性质及其战略地位，作了明确的阐述。指出，我国试办经济特区，是根据对外开放的要求，参考国外经验提出来的。它是我国人民民主政权管辖下的一个行政区域，在政治、思想、文化上坚持社会主义方向，在经济上坚持以社会主义经济为主导，允许多种经济成分存在，在对外经济活动中采取更加开放的方针，吸收外资，引进技术，发展生产，扩大出口，改善人民生活，稳定边境地区秩序。特区是利用外国资源和国际市场的一条特殊渠道。办好经济特区，对收回香港、促进台湾回归，实现祖国统一大业，也具有重要意义。

经济特区的创建，是以邓小平为核心的第二代中央领导集体把马克思主义基本原理与中国实际相结合，借鉴外国经验，在对外开放实践中走出的一步妙棋。首先，办特区的形式选择得好。在当时的情况下，要利用外资，全面地改革现行经济体制和实行优惠政策不现实，但如果没有体制的改革和优惠政策，利用外资又很难发展起来。显然，划出一块地区，创办经济特区，实行特殊政策和灵活措施，引进外资，较好地解决了上述矛盾。其次，办特区的地点选择得好。经济特区选择深圳、珠海、汕头、厦门，是因为这几个地方具有建立经济特区的诸多便利条件：地处亚热带，气候温和，雨量充沛，物产丰富，风景秀丽，对发展旅游、住宅业，对吸引侨资、外资具有较强的吸引力；位于东南沿海，港口良好，厦门有通商的基础，深圳、珠海毗邻港澳，对引进外资和先进技术，扩展对外贸易，获取国际经济信息，考察现代资本主义都相当便利；华侨之乡，对吸引华侨回国办企业、投资，支援祖国建设影响深远。

从1979年7月中央正式批准建立经济特区以后，特区的发展很快，特别是深圳的变化尤为显著。到1983年，深圳就已和外商签订了两千五百多个经济合作协议，成交额18亿美元，引进2500台设备和一批技术。1983年与1978年相比，工农业总产值增长11倍。财政收入比办特区以前增长10倍多，外汇收入增长两倍。基本建设投资比建国后30年的总和增加20倍。经济特区取得的举世公认的伟大成就，向世界展现了中国改革开放的雄心壮志和追赶时代的勇气，同时也为我国进一步扩大对外开放提供了经验。

第二，开放沿海港口城市，开辟沿海经济开放区。1984年1月24日至2月16日，邓小平视察了深圳、珠海、厦门三个经济特区，回京后于2月24日对外开放和特区工作问题提出了重要意见：建立特区，实行对外开放，指导思想不是收，而是放；可以考虑再开放几个点，增加几个港口城市，实行特区的某些政策。这是对特区建设取得的初步经验的总结，表明我国对外开放将进入由特区向沿海城市扩展的阶段。

根据邓小平的这些意见，中央书记处和国务院于3月26日至4月6日召开了沿海部分城市工作座谈会。5月4日，中共中央、国务院批转了这个《会议纪要》，正式确定开放沿海的大连、秦皇岛、天津、烟台、青岛、连云港、南通、上海、宁波、温州、福州、广州、湛江、北海等14个港口城市。

十二届三中全会结束不久，国务院领导同志便率有关部门的同志去东南沿海一带进行实地考察。在《关于沿海地区经济发展的几个问题》的考察报告中，把特区、开放城市比作"对外开放的桥头堡"，说这些地方特别是像上海、广州这样的大城市，应当是"两个扇面，一个枢纽"，即形成对内和对外辐射的两个扇面，开放城市居中起枢纽作用，这些城市要实行"外引内联"的方针。这个考察报告还提出："应该开放珠江三角洲和长江三角洲，进而陆续开放辽东半岛、胶东半岛，北起大连港，南至北海市，构成一个对外开放的经济地带。"这个设想得到邓小平的赞同。根据邓小平等中央领导同志的意见，1985年1月25日至31日召开了长江、珠江三角洲、闽南厦漳泉三角地区座谈会。2月18日，中共中央、国务院发出了批转会议纪要的通知。中央的通知和会议纪要指出，先将长江、珠江三角洲和闽南厦漳泉三角地区，继而将辽东半岛、胶东半岛开辟为沿海经济开放区，是社会主义经济建设中具有重要战略意义的布局,是我国在进一步实行改革与开放的新形势下,加速沿海开发的重要战略部署,有着重大的意义。中央通知并指出,这三个经济开放区应逐步形成"贸—工—农"型的生产结构,大力发展出口,增加外汇收入,成为对外贸易的重要基地。同时,还要加强同内地的经济联系,带动内地经济的发展,成为扩展对外经济联系的窗口。至此,我国对外开放由经济特区向沿海港口城市及沿海中小市县逐步扩展的态势和格局显现出来了。

第三,对外开放区域继续扩大的十三大后,中央根据对外开放从发展外向型经济起步和演进的成功启示,提出了加快沿海地区对外开放和经济发展的沿海经济战略。1988年1月23日,邓小平在这份报告上批示:"完全赞成。特别是放胆地干,加快步伐,千万不要贻误时机"。同年9月他又讲:"沿海地区要加快对外开放,使这个拥有两亿人口的广大地带较快地先发展起来,从而带动内地更好地发展,这是一个事关大局的问题。内地要顾全这个大局。"这个战略设想提出后,国务院就其具体实施作了总体部署。1988年初决定将辽东半岛、胶东半岛等一些沿海市、县列入沿海经济开放区。到1992年,我国东南沿海形成了一个横跨11个省、区的包括两百多个县

（市），总面积达42万平方公里的经济开放地带。

1988年4月，七届全国人大一次会议决定：在广东、福建、海南建立改革开放综合试验区，海南建省，海南岛列为经济特区，实行更加灵活开放的政策。邓小平十分关注海南岛的开发和建设，1987年6月12日，他在《改革的步子要加快》一文中就提到，"我们正在搞一个更大的特区，这就是海南岛经济特区。海南岛和台湾的面积差不多，那里有许多资源，有富铁矿，有石油天然气，还有橡胶和别的热带亚热带作物。海南岛好好发展起来，是很了不起的"。1988年5月，国务院批准了北京市在全国率先建立了新技术产业开发试验区。1991年3月，国务院又批准了26个高新技术产业开发区。高新技术产业开发区的建立，为我国较快地引进世界先进技术，又找到了一条新路子。

进入20世纪90年代后，我国扩大对外开放的首先一项重大的决策，就是确定浦东的开发和开放。1990年3月，邓小平在同中央几位负责同志谈话时提出，要实现适当的发展速度，要用宏观战略眼光分析问题，拿出具体措施。比如抓上海，就算一个大措施。上海是我国的王牌，把上海搞起来是一条捷径。邓小平这次谈话后，姚依林当月即带领国务院有关部门的负责同志赶赴上海，对开发开放浦东问题进行专题研究。4月，李鹏又到上海视察工作，并正式宣布党中央、国务院同意上海开发开放浦东，原则批准在浦东实行经济技术开发区和某些经济特区的政策。6月，中共中央、国务院在《关于开发和开放浦东问题的批复》中指出，开发和开放浦东是深化改革、进一步实行对外开放的重大部署。

由于制定和采取了上述一系列重大政策措施，1988年至1991年间，外商来华投资的速度分别以5000户、6000户、7000户和一万两千多户递增，而且投资额大，大中型基础工业项目和基础设施项目增多，产品出口型和技术先进型企业增加。据统计，1991年我国对外贸易进出口总额为1357亿美元，比1978年增长了2.6倍，位居世界第12位。到1991年底，我国实际利用国外资金逾800亿美元。我国在海外企业已遍及五大洲106个国家和地区，涉及的领域也十分广泛。

第五章　现代化建设的跨世纪发展

第一节　沉着应对国内国际复杂局势

　　1989年6月下旬，中共中央召开了十三届四中全会。会议选举江泽民为中共中央总书记，对其他成员也进行了调整。同年11月，中共中央又召开了十三届五中全会，同意邓小平辞去中央军委主席职务，决定江泽民担任中央军委主席。这样，经过党的十三届四中全会和五中全会，中国共产党形成了以江泽民为核心的第三代中央领导集体，并实现了由第二代中央领导集体到第三代中央领导集体之间有计划和有步骤的交接。自此以后，受命于危难之际的第三代中央领导集体，以高度的自觉性，始终不渝地坚持用邓小平理论指导全党的各项工作，面对中国内外交困、苏东剧变的复杂多变的国际国内形势，稳掌航船，破浪前行，正确处理和解决了党所遇到的一系列复杂问题，开创了我国改革开放和现代化建设的新局面，把一个繁荣昌盛的国家带入了21世纪，使社会主义中国展现出光明的前途。

中共第三代中央领导集体登上中国的政治舞台之初，江泽民即明确表示，"党的十一届三中全会以来的路线和基本政策没有变，必须继续贯彻执行。在这个最基本的问题上，我要十分明确地讲两句话——一句是坚定不移，毫不动摇；一句是全面执行，一以贯之"。中央的态度十分明确，但局势却不容乐观。国内的政治风波平息了，对立势力仍在伺机而动，对国家的安全和稳定造成了严重的威胁。一些人的理想、信念受到了冲击，人心需要重新凝聚。与此同时，西方国家试图使中国改变社会主义制度，在政治上施压，在经济上搞所谓"制裁"，在思想文化上加紧渗透。面对复杂的局势，中央领导集体根据邓小平的建议，冷静观察，沉着应付。

上任一个月后，江泽民先后到延安、遵义、井冈山参观考察，到焦裕禄纪念馆、雷锋纪念馆和铁人王进喜的家乡参观考察。他反复强调，要发扬中国革命和建设的优良传统和作风。中共中央先后通过《关于近期做几件群众关心的事的决定》、《关于加强党的建设的通知》等一系列文件，进一步密切与人民群众的联系，不断加强和完善人民代表大会制度、中国共产党领导的多党合作和政治协商制度、民族区域自治制度、基层群众自治制度等基本政治制度。加强党的建设，加大反腐倡廉力度，集中力量查办一批大案要案，狠刹不正之风，党的作风、党的形象进一步好转。与此同时，党中央把国民经济治理整顿工作重新提上日程，很快就取得明显成效。人民群众关心的通货膨胀得到有效控制，流通领域的混乱现象得到初步整顿。在这个重要历史关头，党中央采取一系列有力措施，有效地凝聚了民心，有力地稳定了局面，在惊涛骇浪中团结带领全国各族人民，坚持了中国特色社会主义事业的正确方向。

第二节 破浪前行

一、确立社会主义市场经济体制

1989年，国家开始实施"菜篮子工程"。同年底，中国粮食生产超过8000亿斤，农业生产扭转了此前的徘徊局面。在这个重要历史关头，党中央采取一系列有力措施，有效地凝聚了民心，有力地稳定了国家政治局面，在惊涛骇浪中团结带领全国各族人民不懈奋斗,坚持了中国特色社会主义事业的正确方向。

1992年,中国的改革开放酝酿着重大突破。1992年10月召开的十四大强调,要抓住机遇,加快发展,郑重地把邓小平建设有中国特色社会主义理论确立为全党各项工作的根本指导方针。大会把社会主义基本制度和市场经济结合起来,明确提出我国经济体制改革的目标是建立社会主义市场经济体制,这是中国共产党的一个伟大创举。"社会主义市场经济"记录了中国十多年艰难执著的探索,凝结了中国共产党人的特殊智慧,体现了中国改革开放向前迈进的历史逻辑。中国经济体制改革的目标确认后,经过深入研究,于1993年11月十四届三中全会通过《中共中央关于建立社会主义市场经济体制若干问题的决定》,构筑起了社会主义市场经济体制的基本框架,成为中国建立社会主义市场经济体制的总体规划和行动纲领。

在宏观调控实施后不久(1994年初),中央提出"抓住机遇、深化改革、扩大开放、促进发展、保持稳定"的方针。1995年9月,江泽民就社会主义现代化建设中12个方面的重大关系进行了深刻阐述,提出要正确处理改革发展稳定的关系,强调改革是动力,发展是目标,稳定是前提,体现了党的第三代中央领导集体对经济社会发展规律的深刻认识。经过3年努力，宏观调控取得显著成效。到1996年，通货膨胀率从最高时的24%降到了8%，与此同时，从1993年到1996年，国内生产总值年均增长11.6%。我国有效地控制了通货膨胀，经济增长仍然保持了较快速度，成功实现了经济"软着陆"。这在新中国成立以来的经济发展史上是没有过的，在国际上也不多见。

世纪之交，中国能否继续沿着邓小平开辟的中国特色社会主义道路走下去，引起了全世界的关注。1997年9月召开的十五大，旗帜鲜明地把邓小平理论同马克思列宁主义、毛泽东思想一道确立为中国共产党的指导思想，并提出高举邓小平理论伟大旗帜，把建设有中国特色社会主义事业全面推向21世纪。十五大确立了我国社会主义初级阶段的基本经济制度，即以公有制为主体、多种所有制经济共同发展，这是对中国特色社会主义道路的一个重大贡献，为经济改革和社会发展指明了正确的前进方向。

二、收回港澳主权

1997年夏，中国发生的一幕历史性的画面，吸引了全世界的目光。6月30日晚10时，78名中国人民解放军驻港部队官兵到达驻港英军总部威尔士亲王军营。午夜，中英两国举行香港政权交接仪式。7月1日，中华人民共和国香港特别行政区正式成立。这一天，举世瞩目，永载史册。被外国殖民者占领长达一百多年的东方明珠——香港，终于在1842年签订《南京条约》被英国强行割走155年之后重新回到了祖国的怀抱，标志着中华民族洗雪了百年耻辱。

香港回归两年半后，1999年12月19日午夜，中葡两国举行澳门政权交接仪式。12月20日，中华人民共和国澳门特别行政区正式成立，祖国统一大业又向前迈出了重要一步。历史将永远铭记这一举世瞩目的重要时刻。从这一刻起，中国彻底结束了被外国列强占领的历史。香港、澳门顺利回归，是祖国统一大业进程中重要的里程碑，是中国共产党对于中华民族的历史性贡献。

中国政府按照邓小平提出的"一国两制"的伟大构想，成功地解决了香港、澳门问题，这是中国人民在完成祖国统一的大业中取得的重大进展。"一国两制"在香港、澳门的实践，已经并将继续为我国最终解决台湾问题发挥重要的示范作用。中国政府和人民有信心有能力早日解决台湾问题，实现中国的完全统一。

三、应对亚洲金融风暴

伴随经济全球化而来的不仅仅是机遇，更有风险和挑战。1997年夏，一场突如其来的金融风暴袭向东南亚。7月2日，泰国政府在同国际投机资本苦斗了数月之后，终于支撑不住，被迫宣布放弃盯住美元的联系汇率制度，泰铢当日下跌约20%，国际投机家眨眼之间从泰国卷走了40亿美元，国家金融体系遭受重创。紧接着，国际金融炒家们又顺势向周边国家发起攻击，致使金融危机像飓风般横扫整个东南亚。印尼、菲律宾、缅甸、马来西亚、韩国的货币纷纷大幅贬值，工厂倒闭，银行破产，股市"跳水"，原来欣欣向荣的经济一夜之间发生陡变，一些国家的经济水平瞬间倒退了10年，重新步入萧条期，甚至出现了严重的政治和社会危机。在巨大的压力面前，中国将如何应对？人民币是否贬值？一下子成为世界关注的焦点。1997年12月，江泽民出席了在马来西亚举行的首次东盟与中、日、韩首脑非正式会晤和中国—东盟首脑非正式会晤。他代表中国政府庄严承诺："为尽快恢复地区金融秩序，中国不仅不会使人民币贬值，还将尽可能为东盟国家提供援助。"1998年中国外贸出口增幅由1997年的20%猛跌到0.5%，利用外资也出现了负增长。由于中国坚持人民币不贬值,为此我国确实付出了重大代价,但中国却赢得了世界的首肯和尊重。国际经济界和东南亚各国一致公认,中国在克服亚洲金融危机中发挥了定海神针的作用。

四、抗击特大洪水

亚洲金融风暴的余波尚未平息,一场自然界的惊涛骇浪又向中国袭来。1998年夏,长江、嫩江、松花江爆发了百年不遇的特大洪水。全国共有29个省市区遭受不同程度的损失,受灾人口有两亿多人。南北方同时爆发洪水,持续时间之长,危害之严重,百年罕见。在国家财产和人民生命安全受到洪水严重威胁的紧急关头,党中央果断决策,调兵遣将,全国军民万众一心,展开了一场顽强不屈、气吞山河的大决战。在抗洪决战的关键时刻,江泽民冒着酷暑亲赴湖北长江抗洪抢险第一线,看望慰问并鼓励奋战在抗洪第一线的广大军民,指导抗洪抢险斗争。举国奋起的抗洪之战,让全世界看到了中国人民的精神风貌,相信了中国政府应对风险和困难的执政能力,彰显了中国特色社会主义的巨大优越性。中国军民共同铸就的"抗洪精神",丰富了中华民族伟大复兴的精神宝库。

五、捍卫国家主权与民族尊严

世纪之交的中国，考验接踵而至。1999年5月7日午夜，以美国为首的北约悍然使用多枚导弹，袭击了我国驻南斯拉夫联盟共和国大使馆。中国的主权和安全受到严重挑衅。消息传来，引起中国人民的极大愤怒。中国政府和中国领导人在第一时间发表严正声明，对以美国为首的北约提出强烈抗议，要求公开正式向中国政府、中国人民和中国受害者家属道歉，严惩肇事者。在中国政府和中国人民的强烈抗议和严正交涉下，美国政府最后不得不进行道歉，并对中国伤亡人员和财产损失进行了赔偿。通过战胜政治风浪，中国人民的爱国热情空前高涨，民族自信心空前增强，这是一种在磨难和考验中凝聚起来的、迸发出来的伟大的精神力量。

六、申奥成功并顺利入世

2001年，中国以自己的坚韧和努力，在走向世界的征途上又迈出了关键一步。7月13日，在莫斯科举行的国际奥委会第112次全体会议上，国际奥委会主席萨马兰奇庄重宣布：

"2008年奥运会主办城市——北京"。北京终于以绝对优势赢得了2008年奥运会主办权。11月10日,世界贸易组织第四届部长级会议在卡塔尔首都多哈召开。会议开始仅仅9分钟后,卡迈勒主席便敲响了手中的木槌。大会以协商一致的方式,通过了《中国加入世界贸易组织议定书草案》和《关于中国加入世界贸易组织的决定草案》。

第三节　中国特色社会主义的世纪扬帆

自1989年党的十三届四中全会以来,以江泽民为核心的第三代中央领导集体坚持和发展中国特色社会主义现代化建设道路,经受住了来自方方面面的严峻考验,社会主义现代化建设取得了举世瞩目的光辉成就,社会主义中国显示出蓬勃的生机和活力。中国社会正在实现由穷到富,由弱到强,由落后到先进,由传统的农业文明到现代工业文明的伟大转变。中国人民以豪迈的气概实现着中国第三次历史性巨变。

一、市场经济的大潮涌起

1993年11月,中共十四届三中全会作出了《中共中央关于建立社会主义市场经济体制若干问题的决定》，全面系统地阐明了建立社会主义市场经济的基本框架和战略部署，中国的经济改革进入到以建立社会主义市场经济为目标的历史新阶段，改革开放大踏步前进，国民经济获得持续、快速、健康发展、国家综合国力与人民生活水平大幅度提高，整个社会散发着无穷的活力。

第一，社会主义市场体系的培育与运行。在过去高度集中的计划经济体制下，生产由国家统一计划，材料由国家统一调拨，产品由国家统购包销，财务由国家统收统支，人员也基本上由国家统一调配，生产单位不可能成为自主经营、自负盈亏的市场主体，经济生活中也不可能有市场机制的作用。改革开放以后，市场对资源配置的基础性作用逐步增强，国民经济的市场化程度不断提高。如今，无论是生产资料、工业消费品，还是农产品，都基本进入市场流通，价格大多数由市场决定。市场价格体制初步建立，标志着经济运行机制初步从计划主导型向市场主导型的转变。生产要素市场的培育在不断加快，资金、劳动力、技术等要素市场日趋活跃，走向规范。生产资料市场获得长足发展，金融市场发展迅速，劳动力市场日趋活跃，技术市场发展保持良好势头。

第二，现代企业制度的建立与发展。现代企业制度是相对于我国过去那种高度集中的计划经济体制下的企业制度，和不适应现代生产力发展的早期企业制度而言的，它是随着商品经济的发展而产生的，适合现代商品经济（市场经济）要求的一种企业制度。以党的十四大召开为标志，我国的国有企业改革进入了转变经营机制和制度创新的阶段。这一阶段开始塑造适应社会主义市场经济体制的微观基础。1993年，江泽民在各地视察工作时，第一次提出现代企业制度问题，认为建立适应社会主义市场经济体制的现代企业制度是实现公有制与市场经济有机结合的重要途径。《中共中央关于建立社会主义市场经济体制若干问题的决定》，提出国有企业改革的方向，就是建立现代企业制度。这是国企改革走出困境，实现质的飞跃，达到一个新的水平的重大举措。

第三，社会保障体系的构筑与完善。在建立社会主义市场经济体制的宏伟纲领指引下，社会保障制度的改革亦提上议事日程。它也是我国建立社会主义市场经济体制的重要环节。《关于建立社会主义市场经济若干问题的决定》指出，建立多层次的社会保障体系，对于深化企业和事业单位改革，保持社会稳定，顺利建立社会主义市场经济体制，乃至整个国家的长治久安，都有重要的现实意义和深远的历史意义。建立和完善我国的社会保障制度，包括建立社会保险、社会救济、社会福利、优抚安置和社会互助、个人储蓄积累保障等内容在内的多层次的社会保障体系。贯彻上述原则，国务院于1997年颁布《关于统一企业职工基本养老保险制度的决定》，确立了企业职工基本养老保险制度的框架。1996年5月国务院办公厅下发《关于职工医疗保障制度改革扩大试点的意见》，推开了医疗制度改革的全面试点工作。以十五大为标志，全面建立比较完善的社会主义市场经济体制的改革进入攻坚决胜阶段。作为社会主义市场经济体制改革重要环节的社会保障制度方面，也加大了改革力度。经过坚持不懈的努力，适应社会主义市场经济的社会保障制度正在加紧建立。许多省市进行了社会统筹与个人账户相结合的养老、医疗保险制度改革。近年来中国社会保障事业的积极发展，对于支持国有企业改革和保障社会稳定，必将发挥更加重要的作用。

二、高新技术的突飞猛进

科学技术是生产力发展的重要动力，是人类社会进步的重要标志。改革开放以来，我国在高新技术领域更是不断取得突破性进展，高新技术事业逐渐兴旺发达，对于从根本上增强我国综合国力，提高人民生活水平，发挥着至关重要的作用。

第一，信息科学技术的崛起。现代信息科学技术是高科技的先导，又是高科技的中心。它的发展带来了信息产业的迅速崛起，成为现代经济增长的主要因素，并使人类社会生活产生巨大变化。

第二，生命科学技术的突破。生命科学技术是生命科学及相关的生物技术的总称。生命科学是研究生命本质，特别是人类生命本质的科学。生物技术是直接或间接利用生物有机体本身的某些部分或某些机能，造福于人类的技术体系。我国对生命科学技术的研究和开发，在人力、物力和财力上给予了足够的重视和支持。在"高技术发展研究计划"中选定的7个重要领域中，生命科学技术放在了首位。在"八五"火炬计划重点技术产业发展纲要中，生命科学技术产业被列为六大优先发展领域，促使生命科学技术产业有一个比较大的发展，并在20世纪90年代取得了一系列高水平成果。

第三，新材料与新能源科学技术的开发。新材料和新能源科学技术是发展高科技的物质基础，又是高科技的重要组成部分，对高科技的发展和新产业的形成具有决定性的意义，对于人类的社会生活也产生广泛而深刻的影响。一是新材料科学技术取得新进步。新材料是发展信息、航天、能源、生物、海洋开发等高科技的物质基础，也是整个科学技术进步的突破口。目前，我国正在新材料的主要领域积极跟踪国际先进水平，努力创新，充分发挥本国资源和人才方面的优势，逐步形成具有中国特色的新材料体系。二是新能源科学技术展现新面貌。在中国国务院发布的《国家十四个重要领域的技术政策要点》中，将能源排在首位。1992年联合国全球环境与发展大会后，我国提出了关于环境与发展的10条对策与措施，并在新能源技术的单项研究示范方面获得了重要进展。1995年，国家计委、科委和经贸委联合颁布了《新能源和可再生能源发展纲要》，提出了"九五"计划和2010年新能源和可再生能源的发展目标、任务及其相应的对策和措施。以此为指导，最近几年我国在新能源的开发利用方面取得了长足进步。

第四，航天科学技术的拓展。航天科学技术是随着第二次世界大战期间发展起来的火箭、导弹技术而形成的一门综合性的、尖端的现代科学技术。它不仅把高科技用在地球上，而且还把人类整体生活结构引向外层空间。根据政治、经济、科技、社会发展的需要，航天科学技术开发也是我国作出的战略性抉择。从1956年中国把开发火箭技术纳入国家12年科学发展规划，至今已四十余年，我国在航天科学技术领域取得了非凡的成就。中国人民通过努力，把中国的航天事业推向了一个崭新的阶段，极大地提高了我国的国际地位，大长了中国人民的志气。

三、产业结构的优化升级

产业结构优化升级是促进经济增长的重要环节。20世纪90年代以来，我国根据经济发展现状，充分考虑世界科学技术加快发展和国际经济结构加速重组的趋势，着眼于全面提高国民经济的整体素质和效益，增强综合国力和国际竞争力，对产业结构进行战略性调整，主要是巩固和加强农业在国民经济中的基础地位，加快工业改组改造和结构优化升级，大力发展第三产业，加快国民经济和社会信息化，以及进一步加强水利、交通、能源等基础设施建设，从而为改善人民生活提供了坚实的物质基础，积累了宝贵的经验。

第一，农业基础地位稳固。农业是人们的衣食之源，要改善和提高人民生活水平，首先必须促进农业的发展，促进农产品数量供应的丰富和质量的提高。农村人口占我国人口的70%

左右，没有农民生活水平的提高，就不可能有全国人民生活水平的提高；没有农村的小康，也不可能有全国的小康。改革开放以后，国家纠正传统的以重工业为中心的经济发展战略，转而把农业放在国民经济的首位，高度重视农业，并围绕加快农业和农村经济发展、增加农民收入、改善农村生产和消费环境这个中心采取了一系列重要的政策措施。农业基础地位的加强，使我国农村发生了根本性变化。从1978年至1998年，农村居民的人均收入，剔除价格变动因素后，增长3.6倍；粮食平均每年增产近一千万吨；棉花、油料年产量分别增长1倍和3.4倍，中国以占世界7%的耕地使占世界22%的人口实现了丰衣足食，从而为在农村建立并坚持以公有制为主体、多种所有制经济共同发展的基本经济制度创造了最重要的条件，为在国家工业化进程中保持社会稳定提供了重要保障。

第二，第三产业兴起。第三产业与人民生活关系密切。丰富居民生活内容，改善居民生活环境，提高居民科学文化素质，都离不开第三产业的发展。改革开放前的30年间，我国第三产业的发展没有得到应有的重视，人民日常生活中普遍存在的乘车难、洗澡难、理发难、修理难等诸难问题，都与第三产业的发展迟缓有关，居民的消费领域十分狭窄。同时，随着国有企业改革、结构调整和技术进步,长期以来潜藏的就业矛盾也开始凸现出来。城镇企业富裕人员和农村剩余劳动力往哪里去?这是扩大内需时期必须正视和认真解决的大问题。对此,从20世纪90年代初开始,国家把大力发展第三产业作为产业结构优化升级的重要内容,并采取一系列措施。由于国家政策取向正确,引导措施得力,第三产业迅速发展,显现出蓬勃生机。1979年—1998年,我国第三产业年平均增速达10.5%,其中交通运输、仓储、邮电通信业增长10%,批发、零售贸易和餐饮业增长9.5%。第三产业的快速发展,不仅促进了商业、饮食业、服务业的兴旺,为社会提供了丰富、周到的生活服务,极大地方便了居民生活,而且以其成本低、容量大等优势有效地扩大了就业领域,已经成为我国劳动力就业的主渠道。第三产业从业人员由1978年的4890万人增加到1998年的1.87亿人,增长了2.8倍,占全部从业人员的比重由12.2%提高到26.7%。

第三,工业化和信息化并举。努力完成工业化是我国现代进程中的艰巨的历史性任务,大力推进国民经济和社会信息化是覆盖现代化建设全局的战略举措。但我国信息化的基础——工业化,离世界先进国家的水平还有一定差距。因此,在注意加快信息化的同时，必须着重巩固和发展工业化进程。我国长期以来处理工农业关系的经验是坚持以农业为基础，以工业为主导的原则，实践证明，这个方针是正确的和成功的。在信息化过程中，也要正确处理信息化和工业化的关系。工业做后盾，信息业作先导。这是由于我国的信息化不是出现于工业化成熟阶段，而是在工业化进入全面展开的过程中开始的。因此，我国决不能像西方经济发达国家那样，先走完工业化，然后再推进信息化的老路，更不能用信息化取代工业化，而必须同时推进信息化与工业化，用工业化培育信息化，用信息化促进工业化。对此，从20世纪90年代初开始，围绕增强我国产业的国际竞争力，带动我国整个经济的快速增长，国家把信息化和工业化的协调发展作为优化产业结构的重要内容，并采取了两个方面的措施，使我国的信息化与工业化展示出前所未有的生机与活力。在新的信息化的历史机遇来临之时，我国一定能够把工业化与信息化更加有机地结合起来，以信息化带动工业化，发挥后发优势，实现生产力跨越式发展。

第四，基础设施建设加强。加强水利、交通、能源等基础设施建设，调整资源战略，改善环境，也是我国产业结构优化升级的重要一环。国家实施可持续发展战略，为进一步优化产业结构，促进经济、资源与环境的协调发展，采取了一系列政策措施：一是坚持把基础设施的发展放到优先地位。在交通建设方面，国家统筹规划，合理安排，加强公路、铁路、港口、机场、管道系统建设，健全畅通、安全、便捷的现代化综合运输体系。在能源建设方面，国家充分发挥资源优势，优化能源结构，提高利用效率。调整煤炭生产结构，发展洁净煤技术。实行油气并举，加快石油天然气勘探、开发和利用。电力建设则立足当前，着眼长远，调整电源结构，加强电网建设。1988年—1998年，能源生产总量年均增长3.5%。目前，国家正致力于发展新能源和可再生能源，推广能源节约和综合利用技术。二是合理利用资源。我国在合理利用资源、提高资源使用效率方面取得了明显成效，每万元国内生产总值消耗的能源由1978年的15.8吨标准煤降为1998年的1.7吨标准煤，综合能耗水平大为降低。资源的有效利用，既保证了经济的快速增长，也为人民生活的持续改善提供了有利的条件。三是加强对人民赖以生存环境的保护，加强对大气、水域、土壤污染以及噪音等公害的监测和防治，严格控制工业废水、废气、粉尘、烟尘等的排放量，关闭了一批污染严重的企业，使人民的生活和生存环境不断趋于净化。

四、区域经济的协调发展

20世纪90年代，党中央、国务院根据我国经济建设和改革开放的新形势和新特点，在区域经济发展总的指导思想和基本政策上都作出了一些新的调整和完善，有力促进了我国各地区经济的持续快速发展，使对外开放的领域和水平不断提高。在调整和优化生产力布局过程中，东部沿海地区与中西部地区的经济和社会联系进一步加强，东部沿海和中西部地区经济实力都上了一个新台阶。

第一，区域经济发展的战略定位。根据我国国情，实现区域经济协调发展的过程是一个由发展很不平衡到大体平衡、由发展差距很大到差距逐步缩小、由一部分地区先富起来到全国各地区共同富裕起来这么一个漫长的历史过程。这就要求我国在区域经济发展问题上必须用客观和科学的态度来进行定位。根据邓小平"两个大局"的思想，我国在总体上已经提前达到实现小康水平的第二步战略目标，东部地区已经积累了相当规模的经济实力，国际国内形势正在发生新的变化，从总体上加快中西部地区发展的条件已经基本具备，时机已经成熟。为此，党中央郑重提出了在继续加快东部沿海地区经济发展的同时，必须不失时机地加快中西部地区的发展，特别是提出了实施西部大开发战略。以江泽民为核心的党中央领导集体把握大局、审时度势，高瞻远瞩地部署西部大开发战略，是从保持党和国家长治久安的战略高度提出的具有全局意义的重大战略的任务，是党中央高举邓小平理论伟大旗帜，把建设有中国特色社会主义事业全面推向前进的重大战略步骤。

第二，区域发展战略的重大调整。20世纪90年代以来，随着建立社会主义市场经济体制改革总目标的确立，以及地区差距扩大逐步成为社会广泛关注热点的情况，我国区域经济发展战略及其政策设计开始注意兼顾公平和效率的问题，以期逐步实现区域经济协调发展和可持续发展。这一时期，在指导思想上主要强调引导区域经济合理分开，调整20世纪80年代实行的以"放权让利"和沿海地区率先扩大对外开放为特征的区域经济发展战略和基本政策。在扩大开放上，顺应我国加入WTO进程加快的新形势，积极主动地、大规模地引导中西部地区参与国际经济技术合作与交流。在政策措施上，20世纪90年代以来，我国制订地区政策的基本出发点是坚持效率优先、兼顾公平的原则。在结构调整上，充分发挥科学技术在现代生产力发展中的主导作用，加快中西部地区发展科技、旅游、果业等优势产业的步伐，构建中西部特色上的基本框架。在发展模式上，我国政府明确强调各地都要实施可持续发展战略，把"经济与社会相互协调和可持续发展"列为国民经济和社会发展的一条重要指导方针。

第三，区域经济发展的新趋势。20世纪90年代以来，我国区域经济发展战略及其相关政策措施的调整和逐步实施，尤其是在党中央提出的对国民经济和社会发展全局具有重大现实性作用的西部大开发战略实施以后，极大地调动了各地区加快发展经济的积极性，出现了许多新特点和新趋势：一是进一步激发了各地区经济发展的活力，特别是在中西部地区出现了一些新的经济增长极地区。二是促进了全方位、多层次、多领域、多形式的对外开放的格局基本形成。三是现代化基础设施建设步伐加快。四是中西部与沿海地区经济发展差距扩大的趋势有所缓解。五是跨地区对内开放和经济联合有了新的突破，特色区域经济初步显现。

十三届四中全会以来的13年，党中央第三代领导集体坚持三中全会以来的路线不动摇，从容应对一系列关系到中国主权和安全的国际突发事件，战胜在政治、经济领域和自然界出现的困难和风险，成功地稳住了改革和发展的大局，捍卫了中国特色社会主义伟大事业。这期间,中国实现了由计划经济体制向社会主义市场经济体制的转变,实现了改革开放的新的历史性突破,打开了经济、政治和文化发展的崭新局面。到2001年,中国国内生产总值比1989年增长近两倍,年均增长9.3%,经济总量已居世界第6位,人民生活总体上实现了由温饱到小康的历史性跨越。

第六章 现代化建设在新历史起点上的成功推进

第一节 全面建设小康社会

一、提出"全面建设小康社会"目标

21世纪之初,沐浴在新世纪的晨光中,人们发现中华民族燃烧了整整一个世纪的复兴之梦,获得了更加坚实的基础和明确的目标。

2002年召开了党的十六次全国代表大会,大会通过了《全面建设小康社会,开创中国特色社会主义事业新局面》的主题报告,党立足于我国已经解决温饱、人民生活总体达到小康水平的基础,进一步提出了全面建设小康社会的奋斗目标,并从经济、政治、文化等方面勾画了宏伟蓝图,即在本世纪头

20年，集中力量，全面建设惠及十几亿人口的更高水平的小康社会，使经济更加发展、民主更加健全、科教更加进步、文化更加繁荣、社会更加和谐、人民生活更加殷实。经过这一阶段的建设，再继续奋斗几十年，到本世纪中叶基本实现现代化，把我国建设成为富强、民主、文明的社会主义现代化国家。全面建设小康社会的阶段，是实现现代化建设第三步战略目标必经的承上启下的发展阶段，提出这一奋斗目标完全符合我国国情和现代化建设的实际。为这一目标而奋斗也就是为实现共产主义远大理想准备物质和精神条件。

2007年，十七大的主题确立为"高举中国特色社会主义伟大旗帜，夺取全面建设小康社会新胜利"。大会认为，"我们已经朝着十六大确立的全面建设小康社会的目标迈出了坚实步伐，今后要继续努力奋斗，确保到2020年实现全面建成小康社会的奋斗目标。"大会在十六大确立的全面建设小康社会目标的基础上，对我国发展提出了新的更高要求：增强发展协调性，努力实现经济又好又快发展；扩大社会主义民主，更好保障人民权益和社会公平正义；加强文化建设，明显提高全民族文明素质；加快发展社会事业，全面改善人民生活；建设生态文明，基本形成节约能源资源和保护生态环境的产业结构、增长方式、消费模式，并强调"今后五年是全面建设小康社会的关键时期。我们要坚定信心，埋头苦干，为全面建成惠及十几亿人口的更高水平的小康社会打下更加牢固的基础。"

二、构建社会主义和谐社会

天下和，民心安。和谐对于国家与国家之间要和谐共进，民族与民族之间要和谐共处，人与人之间更应该和谐相待。进入21世纪为了给人们创造一个更安定、更舒心、更幸福的生活环境，党中央适时地提出了"构建社会主义和谐社会"的战略目标。

2002年，党的十六大第一次把"社会更加和谐"作为党的重要奋斗目标来加以表述。随着生产力大踏步地向前发展，改革开放的车轮不断推进，党对建设社会主义和谐社会的认识和实践也在不断加深。十六届三中、四中全会从全面建设小康社会、开创中国特色社会主义事业新局面的全局出发，进一步明确提出了构建社会主义和谐社会的战略任务，并将其作为加强党的执政能力建设的重要内容。2006年10月，十六届六中全会审议通过了《中共中央关于构建社会主义和谐社会若干重大问题的决定》，全面深刻地阐明了中国特色社会主义和谐社会的性质定位、指导思想、目标任务、工作原则和重大任务。

构建社会主义和谐社会，是一个足以推动历史进程的大事，同时更是一项艰巨复杂的工程。历史是人创造的，人是历史的人，历史的人做历史的事。为了实现小康社会的目标，为了让共产主义从理想成为现实，为了推动人类社会的进步与发展，社会主义和谐社会的大厦将由全体中国人民共同建造。

三、树立社会主义荣辱观

荣辱之心，自古人皆有之。每个人都有自己的荣辱观，而一个人的荣辱观，总是折射出他的人生观、价值观和世界观。

社会公民在知荣知耻的基础上树立的社会主义荣辱观是和谐社会的重要标志。2006年3月4日，胡锦涛在参加全国政协十届四次会议与民盟、民进界委员联组讨论时提出，要引导广大干部群众特别是青少年树立以"八荣八耻"为核心的社会主义荣辱观。讲社会主义荣辱观，并非唱高调和空谈，诸如热爱祖国、诚实守信、团结互助、辛勤劳动、遵纪守法之类的基本准则，其实就是最为基础的道德准则和价值判断，就是每个人的社会主义荣辱观。正确分辨荣与耻，将对每个人的一生产生决定性的影响，是其未来发展的坚实基础，是中国人走向成功的路标。

举手之间，是善恶美丑；点滴之中，有是非荣辱。明是非，知荣辱。如果每个人都把胡锦涛提出的以"八荣八耻"为主要内容的社会主义荣辱观时刻装在心中，并把它作为平时学习工作和行为的准则，那么这就将为自己成功的人生奠定坚实的基础。

四、人才强国战略

科学技术是第一生产力，人才资源是第一资源。2003年以来，中央召开两次全国人才工作会议，全面部署和大力实施人才强国战略，作出一系列战略决策，培养和集聚了宏大的人才队伍，为推动经济社会又好又快地发展提供了坚强的人才保证和智力支持。

2003年12月，中共中央首次召开中央人才工作会议，下发了《中共中央、国务院关于进一步加强人才工作的决定》，突出强调，实施人才强国战略是党和国家一项重大而紧迫的任务，并进一步明确了新世纪新阶段中国人才工作的重要意义，全面部署了人才工作的根本任务，制定了一系列有关方针政策。2007年，人才强国战略作为发展中国特色社会主义的三大基本战略之一，写进了中国共产党党章和党的十七大报告。由此，人才强国战略的实施进入了全面推进的新阶段。

五、统筹区域发展

促进区域协调发展，是我国现代化建设中的一个重大战略问题。中国是一个有着960万平方公里土地的大国，从南到北、从东到西有着极其广袤的国土。由于近代中国政治经济严重失衡，这直接导致了区域与区域间发展的不平衡。近年来，随着生产力发展和社会进步，逐步缩小区域发展差距成为经济社会发展的客观要求。有鉴于此，党的十六届三中全会提出了要"统筹区域发展"，具体内容是：积极推进西部大开发，振兴东北地区等老工业基地，促进中部地区崛起，鼓励东部地区率先发展，继续发挥各个地区的优势和积极性，通过健全市场机制、合作机制、互助机制、扶持机制，逐步扭转区域发展差距拉大的趋势，形成东中西相互促进、优势互补、共同发展的新格局。

第二节　打造核心竞争力

一、走中国特色的自主创新之路

自主创新是科技发展的灵魂,是一个民族发展的不竭动力,是支撑国家崛起的筋骨。新中国成立以来特别是改革开放以来,在自主创新方面可谓硕果累累:"两弹一星"横空出世、神舟飞船遨游苍穹、超级杂交稻成功培育、中文激光照排技术发明推广、中国第一颗绕月探测卫星"嫦娥一号"发射成功、超级计算机"天河一号"研制成功……特别是2012年6月,"神舟九号"载人飞船与"天宫一号"目标飞行器交会对接成功以及"蛟龙"号载人潜水器深潜突破7000米。对此,外国媒体称赞,中国获得"无可争议的胜利",且"同时在宇宙和海洋上演大国崛起"。可以说,经过多年的改革发展,我国已经初步实现了从"中国制造"到"中国创造"的质的飞跃,具备了建设创新型国家的重要基础和良好条件,走出了一条中国特色自主创新之路。

2006年1月26日,中共中央、国务院作出《关于实施科技规划纲要增强自主创新能力的决定》，提出全面提升国家竞争力，创新体制机制，走中国特色自主创新道路，为建设创新型国家而奋斗。总体目标是，到2020年，使我国的自主创新能力显著增强，科技促进经济社会发展和保障国家安全的能力显著增强，基础科学和前沿技术研究综合实力显著增强，取得一批在世界上具有重大影响的科学技术成果，进入创新型国家行列，为全面建设小康社会提供强有力的支撑。在中国全面建设小康社会的关键时期，中央作出的这一重大决策，开启了新中国科技大发展的又一个春天。

回首过去，中国创新型国家建设征途凯歌高奏；放眼未来，在党中央、国务院的高度重视和正确领导下，创新型中国必将书写新的辉煌。

二、突出文化软实力

中华民族伟大复兴必然伴随着中华文化的繁荣兴盛。十六大以来，以社会主义先进文化为方向，以改革创新为动力，兴起了社会主义文化建设的新高潮，迎来了文化大发展、大繁荣的生动局面。

文化是民族的血脉，民族的觉醒最深层次的是文化的觉醒。各国历史发展的经验表明，一个国家如果没有强大的精神内核，没有一个能够适应时代和社会发展的核心价值观，仅靠物质力量或其他因素，是难以在世界竞争中立于不败之地的。当今世界正处在大发展、大调整的全球化时代，世界多极化、经济一体化深入发展，各种思想文化交流交融频繁，国与国之间综合国力竞争的一个显著特征就是文化的地位和作用更加突出。

与经济硬实力相比，文化就是一个国家的软实力，而且文化软实力更为重要。2007年，党的十七大报告明确指出："要坚持社会主义先进文化前进方向，兴起社会主义文化建设新高潮，激发全民族文化创造活力，提高国家文化软实力，使人民基本文化权益得到更好保障，使社会文化生活更加丰富多彩，使人民精神面貌更加昂扬向上"。此次在党的代表大会报告中提出"文化软实力"这一概念，标志着党已经把国家软实力具体体现，作为一个重大国策和战略提上议事日程。2011年，党的十七届六中全会从中国特色社会主义事业总体布局的高度，提出建设社会主义文化强国的奋斗目标。当今世界，任何一个国家要发展富强，要屹立于世界民族之林，不仅要有经济、军事等硬实力，还要有文化软实力。

三、军事国防领域取得辉煌成就

一个爱好和平的民族，必须拥有维护和平的力量。建设强大的国防，在民族复兴的征程上建设一支革命化、现代化、正规化的人民军队，必将铸就保卫和平的钢铁长城。

十六大以来，我国在经济实力不断增强的基础上，逐步增加国防投入，不断提高国防和军队现代化水平，军队应对多种安全威胁、完成多样化军事任务的能力迅速提高，军队革命化、现代化、正规化建设全面加强，履行新世纪新阶段历史使命的能力显著提高。为党巩固执政地位，维护国家发展的重要战略机遇期，维护国家利益，维护世界和平与促进共同发展发挥了重要作用。

2004年胡锦涛提出新世纪、新阶段我军的历史使命，2005年我军第一次参加多国联合军演，2006年全军军事训练会议推进训练转型，2007年我国自主研制的新一代战机引起世人瞩目，2008年我国第一次派海军舰艇编队远洋护航，2009年我军首次组织大规模远程跨区机动演习，2010年我军三大舰队在南海海域举行联合作战演习，2011年我国首次派军机军舰赴海外撤侨，2012年中俄海军在东海举行联合演习……我国国防科技和武器装备自主创新能力大幅提升，一大批高新武器装备陆续列装部队，基本建成了以第二代为主体、第三代为骨干的武器装备体系。

第三节　树立良好国家形象

一、成功举办"北京奥运会"

举办奥运会是中华民族的百年梦想、千年盛事。2008年8月8日20时，奥运圣火在古老的华夏大地点燃，第29届夏季奥运会在北京"鸟巢"开幕。当晚，璀璨的焰火绽放夜空，激昂的旋律响彻全场，彩旗挥动，欢呼声经久不息。在圣火的照耀下，具有两千多年历史的奥林匹克运动与五千多年传承的灿烂的中华文化，以近乎完美的形式共同呈现在世人面前。

在比赛期间，204个国家和地区的一万余名运动员，不断挑战极限、攀越新高，奏响了更快、更高、更强的激情乐章，描绘了团结、友谊、和平的壮丽画卷。作为东道主的中国体育健儿，顽强拼搏，奋勇争先，取得了51枚金牌、100枚奖牌的优异成绩，位居金牌榜第一位，这是中国参加奥运会历史上的最好成绩，创造了中国竞技体育新的辉煌，书写了中国体育事业发展的新篇章。

完善的场馆设施，出色的组织服务，志愿者的热情微笑，一流的比赛成绩，完美阐释的奥林匹克精神，北京奥运会的一切都堪称完美。国际奥委会主席罗格对2008北京奥运会的评价是："这是一届真正的、无与伦比的奥运会。"

奥运会在中华民族走向复兴的伟大历程中，矗立起了一座新界标。越过这座界标，奥运后的中国继续前行，并为人类文明进步作出新的贡献。

二、载人航天的新突破

"飞天"、"逐月"是中华儿女几千年来不懈追求的目标与理想。新中国成立以来，经过几代人的不懈努力，中国依靠自己的智慧和力量，把自主研制的载人飞船和自己培养的航天员送上了太空。载人航天工程是我国航天史上规模最大，系统组成最复杂，技术难度和安全性、可靠性要求最高的国家重点工程。1999年11月20日至21日，中国载人航天工程第一艘"神舟"无人试验飞船飞行试验获得圆满成功。2001年初至2002年底又相继研制并发射成功了"神舟"一号至四号无人飞船，获得宝贵试验数据为实施载人航天工程打下了坚实的基础。2003

年10月15日9时,"神舟"五号在酒泉卫星发射中心顺利升空。16日晨,航天员杨利伟乘返回舱安全着陆,我国首次载人航天飞行取得圆满成功,中国成为世界上第三个独立掌握载人航天技术的国家。2004年至2011年,我国自主研发的"神舟"五号至八号载人飞船先后在酒泉卫星发射中心发射升空,在完成预定任务后均成功着陆。2012年6月16日18时37分,神舟九号搭载着中国首位女宇航员顺利升空,并与"天宫一号"首次实现载人手动交会对接。

"神舟"系列载人飞船的发射成功,标志着中国人民在攀登世界高峰的征程上又迈出了具有重大历史意义的一步。与此同时,我国以令人信服的方式向世界表明:中华民族是勤劳智慧、富有创新精神和创造能力的民族,这不仅是我们伟大祖国的荣耀,更是每个中国人的骄傲。

三、上海世博会的成功举办

2010年5月1日,承载着人类智慧和梦想的"2010年上海世界博览会"缓缓地拉开了帷幕。上海世博会以"城市,让生活更美好"为主题,这是一场探讨人类城市生活的盛会,总投资达450亿元人民币,创造了世界博览会历史上最大规模的纪录。在这184天里,先后有246个国家和国际组织参展(共有190个国家、56个国际组织以及中外企业踊跃参展),二百多万志愿者无私奉献,7308万参观者流连忘返。在这184天里,上海世博会拉近了世界的距离,增进了东西方文明的碰撞交流,加强了人文与科技的互助互动,历史与未来的交相辉映,"世界之光"与"中国智慧"完美融合。这一切共同铸就了上海世博会的辉煌。

国际展览局主席蓝峰对上海世博会的评价是:"中国2010年上海世博会是一个巨大的成功。这是中国的成功;这是上海市的成功,同时也是世博会事业的成功。"

四、妥善应对国际金融危机

2008年9月,继亚洲金融危机之后,有着158年历史的雷曼兄弟公司宣告破产,由美国次贷危机引发的国际金融危机全面爆发。从发达国家蔓延到发展中国家,从金融领域扩散到实体经济领域,冲击力之强,影响程度之深,历史罕见。对此,中国也同样面临着前所未有的困难和挑战。

受到金融危机的影响,2009年上半年中国出口下降了21.8%,不少工厂倒闭,大批工人回家,沿海地区人民的生活水平出现了下滑趋势。面临来势凶猛的经济危机,从中央到地方,都快速行动起来,中央果断决策,及时调整宏观政策取向,把保持经济平稳较快发展作为经济工作的首要任务,迅速出台扩大内需、促进经济增长的十项措施,及时制定完善了一系列保增长、扩内需、调结构的政策,形成了系统完整的促进经济平稳较快增长的一揽子计划和政策措施。这些政策与计划对于遏制经济下滑、防止通货紧缩、重振市场信心起到了至关重要的作用。中国政府果敢冷静,坚持人民币不贬值,既维护了国家利益,也受到世界各国的称赞。

五、"和谐世界"全新理念的正式提出

进入21世纪,求和平、谋发展、促合作已经成为不可阻挡的时代潮流。

2005年4月,胡锦涛参加雅加达亚非峰会,在讲话中提出,亚非国家应"推动不同文明友好相处、平等对话、发展繁荣,共同构建一个和谐世界"。同年7月,胡锦涛出访俄罗斯,"和谐世界"被写入《中俄关于21世纪国际秩序的联合声明》。"和谐世界"第一次被确认为国与国之间的共识,标志着这一全新理念逐渐进入国际社会的视野。同年9月,胡锦涛

在联合国总部发表演讲,全面阐述了"和谐世界"的深刻内涵。2006年8月,胡锦涛在中央外事工作会议上讲话中指出,推动建设和谐世界,是中国坚持走和平发展道路的必然要求,也是实现和平发展的重要条件。

中华民族历来热爱和平、崇尚和睦、追求和谐,快速发展的中国提出推动建设和谐世界的理念,意味着向世界庄严承诺,中国将坚定不移地走和平发展的道路。

第四节 民生建设令百姓受益

一、科学发展观突出以人为本,新中央特别关注民生建设

人类社会的每一次进步都必然面临着新的问题,在这个机遇和挑战并存的世界中,中国人必须用更大的智慧来面对时代课题,总结以往历史发展的经验,"如何更好地发展"成为我们思考的新方向。肩负着民族复兴这一伟大使命,2003年秋天,以胡锦涛同志为总书记的党中央提出了一个令世人耳目一新的重大战略思想,这就是"科学发展观"。

胡锦涛在2003年7月28日的讲话中提出，"坚持以人为本，树立全面、协调、可持续的发展观，促进经济社会和人的全面发展"，一种新的发展理念在全面建设小康社会伟大实践的沃土中萌生。同年8月底、9月初，胡锦涛来到江西考察。他强调，要牢固树立协调发展、全面发展、可持续发展的科学发展观，积极探索符合实际的发展新路子，进一步完善社会主义市场经济体制。

2003年10月，党的十六届三中全会明确提出了完善社会主义市场经济体制的目标和任务。就是在这次会议上，科学发展观被作为一项着眼于党和国家事业发展全局的重大战略思想被正式提出。十七大报告全面阐述了科学发展观"第一要义是发展，核心是以人为本，基本要求是全面协调可持续，根本方法是统筹兼顾"，"是我国经济社会发展的重要指导方针，是发展中国特色社会主义必须坚持和贯彻的重大战略思想"。因而，十七大将科学发展观写入党章，使其成为中国共产党的指导思想之一，其中"以人为本"就是一切从最广大人民的根本利益出发，把人民以及人民的利益作为本，努力地实现好、维护好发展好最广大人民的根本利益，坚持发展为了人民，发展依靠人民，发展成果惠及全体人民。按照党的十七大的部署，从2008年开始,全党开展了深入学习实践科学发展观活动,到2010年2月底基本结束,三百七十多万个基层党组织、七千五百多万党员参加。广大党员、干部贯彻落实科学发展观的自觉性和坚定性明显增强,党的基层组织建设得到明显加强。

科学发展观的提出,既是来自对中国社会发展阶段的清醒认识,也是中国基于全球发展的一种战略选择。

二、高度重视"三农问题",加快社会主义新农村建设

农业丰则基础强,农民富则国家盛,农村稳则社会安。把"三农"问题作为全党工作的重中之重,统筹城乡经济社会发展,是中国共产党始终如一的承诺和行动。从2004年到2012年,中共中央连续9年以"1号文件"的方式颁布了有关"三农"问题的文件,而且惠农政策的力度越来越大。2005年12月29日,十届全国人大常委会第十九次会议决定取消农业税,2006年1月1日农业税被正式废止,中国农民告别了已有两千六百多年历史的"皇粮国税"。取消农业税,推进社会主义新农村建设,打造农民群众自己的美好家园,亿万农民无不为之欢欣鼓舞。两天后,中共中央、国务院发出《关于推进社

主义新农村建设的若干意见》，对建设社会主义新农村作出全面部署。一系列惠农政策的制定和实施，使农业、农村和农民的面貌不断发生重大而深刻的变化。从2006年起，农民不仅不用交农业税了，还能从政府领取各种补贴。仅2010年，农民领取的粮食直补、良种补贴、农机具购置补贴、农资综合直补等"四补贴"资金就达到1590亿元。中央财政对"三农"的投入更是一路走高，从2004年的2626亿元到2010年的10408.6万亿元，短短5年时间就已经翻了好几番。中国进入了农业发展最好、农村变化最大、农民得到实惠最多的历史时期之一。2008年10月，党的十七届三中全会通过了《中共中央关于推进农村改革发展若干重大问题的决定》，明确了推进农村改革发展的指导思想、目标任务、重大原则，成为新形势下推进农村改革发展的纲领性文献。

三、加强国民教育，真正落实"学有所教"

教育是民族振兴、社会进步的基石，是一个国家的根本，强国必先强教。为了减轻人民群众的教育负担，早日实现富国强民战略及中华民族的伟大复兴，从2003年起，国家逐步推行对农村义务教育阶段学生实行免除学杂费、免费提供教科书，补助家庭经济困难寄宿生生活费的"两免一补"政策，惠及四十多万所义务教育学校和近一亿五千万名学生。2006年，新修订的《义务教育法》将义务教育所需经费全面纳入财政保障范围，到2008年我国义务教育已覆盖全国城乡1.6亿名义务教育阶段的学生。2011年，农村义务教育学生营养改善计划启动，中央财政每年安排一百六十多亿元专项资金，为680个国家试点县的两千六百多万农村义务教育学生提供每天3元钱的营养膳食补助。九年义务教育全面普及，高等教育进入大众化发展阶段，职业教育和继续教育加快发展，个个里程碑的背后映射出的是中国教育事业的跨越式发展。目前，全国15岁以上人口平均受教育年限超过8.5年，总人口中大学以上文化程度的超过1.5亿人，实现了从人口大国向人力资源大国的历史性转变，而且正在向人力资源强国迈进。

四、缩小分配差距，早日实现"劳有所得"

收入分配是直接关系老百姓"钱袋子"的大事。对于当前存在的普通劳动者收入偏低，不同地区、行业、群体之间收入差距过大等分配不公现象，人们反映强烈。党和政府对此高度重视，并相继出台一系列政策措施调整分配关系。如连续7年提高企业退休人员基本养老金水平，年均增长10%；连续8年出台涉农"中央一号文件"，十七届三中全会专题研究"三农"问题，惠农力度不断加大；"十一五"期间，各地平均3.2次提高最低工资标准，每次平均增幅12.9%；加大对低收入群众的帮扶力度，实现最低生活保障制度全覆盖，基本建立城乡社会救助体系，等等。这些措施取得了积极成效，"十一五"期间，城镇居民人均可支配收入和农村居民人均纯收入年均分别实际增长9.7%和8.9%，2010年农村居民收入涨幅自1998年以来首次超过城市居民。

五、深化医疗卫生体制改革，逐步实现"病有所医"

"看病难、看病贵"，广为社会关注。随着公立医院改革试点筹备就绪，国家基本药物零售指导价格公布，基本公共卫生服务逐步均等化不断推进，我国医疗卫生体制改革进入了实质性启动阶段。从2003年起，新型农村合作医疗制度开始推行。短短几年时间，全国开展新型农村合作医疗的县（市、区）就发展到2729个，覆盖人口8.14亿人。2007年，党的十七大报告提出了到2020年人人享有基本医疗卫生服务的目标，要求努力使全体人民"病有所医"。2009年4月,中共中央、国务院发布《关于深化医药卫生体制改革的意见》,始终贯穿了公共卫生公益性的主线,明确提出了建立健全覆盖城乡居民的基本医疗卫生制度的目标。新一轮医改大幕拉开,我国将逐步向城乡居民统一提供疾病预防控制、妇幼保健、健康教育等基本公共卫生服务。目前,全民医保体系初步形成,14亿人参保,基本医保已覆盖99%的人群。到2011年末,全国共有医疗卫生机构95万个;共有卫生技术人员620万人,比2002年增加193万人。其中执业(助理)医师247万人,注册护士224万人,分别增加了62万和100万人;共有医院卫生机构床位516万张,增加202万张。

基本公共卫生和基本医疗卫生事业的蓬勃发展,已经显著改善了人民群众的健康水平。新中国刚成立时,中国人口平均寿命还不到40岁,目前,中国人口平均期望寿命已经提高到73岁,达到了发达国家的水平。

六、健全社会保障体系,建立"老有所养"的社会养老制度

老有所养、老有所乐是中国人几千年来的愿望和梦想。

党的十六大以来，我国出台了多项社会保障制度，社会保障框架日益健全。城镇居民养老、医疗等各项保障都有所加强，农村居民的各项保障也逐步纳入了社会保障体系中。新型农村社会养老保险制度的建立，是党的十六大以来继免除农业税实行农业补贴和新农村合作医疗之后的又一重大政策，是建立覆盖城乡居民的社会保障体系的又一重大实践。进入2009年，一项新的重大惠农政策出台，新型农村社会养老保险试点开始，预计到2020年将基本实现全覆盖的目标。2011年末，全国27个省、自治区的1914个县（市、区、旗）和4个直辖市纳入国家新型农村社会养老保险试点，全国27个省、自治区的1902个县（市、区、旗）和4个直辖市、新疆生产建设兵团纳入国家城镇居民社会养老保险试点，覆盖面约为60%。国家新型农村社会养老保险和城镇居民社会养老保险试点县参保人员3.3亿人。中国社会保障的覆盖群体正在逐步扩大，向着人人享有社会保障的目标迈进。

自十六大以来，党高举中国特色社会主义伟大旗帜，深入贯彻落实科学发展观，继续解放思想，坚持改革开放，推动科学发展，促进社会和谐，为夺取全面建设小康社会新胜利而不懈奋斗；紧紧抓住和用好我国发展的重要战略机遇期，战胜一系列严峻挑战，奋力把中国特色社会主义事业推进到一个新的发展阶段。总之这十年是波澜壮阔、气吞山河、极不平凡的，是中国社会发生新的深刻历史性进步的十年。国民经济持续发展，总量跃居世界第二；着力解决民生难题，社会事业全面发展；加大精神文明建设，推动社会主义文化大繁荣大发展；坚持改革开放，加快政治体制改革的步伐；建设学习型政党，在新形势下全面推进党的建设"新的伟大工程"。

七、完善住房保障体系，向"住有所居"目标迈进

住房是关系到国计民生的重大问题，只有安居才能乐业，才能兴业，才能让广大人民群众感到幸福和满足。近年来，我国积极推进城镇住房保障制度建设，从经济适用房、廉租房、安居房到公共租赁房、限价房，保障性住房供应体系日益完善，城乡人居环境大大改善，人们的住房水平不断提高。

2002年以来，我国保障房建设大规模推进。党和国家从人民最关心、最直接、最现实的利益问题入手，加快推进以改善民生为重点的社会建设，真正做到发展为了人民、发展依靠人民、发展成果由人民共享。2005年，辽宁省启动了大规模

棚户区改造工程。短短5年时间，累计改造棚户区1775万平方米，建设2685万平方米的回迁楼。15万人告别了低矮脏乱的棚户区，搬进了宽敞明亮的新居。就在这一年，全国开展了全面的棚户区改造工程。2007年，十七大明确提出努力使全体人民住有所居的目标，"十二五"规划纲要确定了实施城镇保障性安居工程的约束性指标。从居者有其屋到住有所居，中国特色的住房保障体系正在进一步完善。从城镇最低收入家庭到低收入家庭、中低收入家庭，住房保障的范围正在逐步扩大。同年，国务院出台《关于解决城市低收入家庭住房困难的若干意见》，强调把解决城市低收入家庭住房困难作为政府公共服务的一项重要职责。2007年以来，中央财政投入从当年的72亿元增加到2011年的1522亿元。到2010年底，全国累计解决了近二千二百万户城镇低收入和部分中等偏下收入家庭的住房困难，还有近四百万户城镇低收入住房困难家庭享受廉租住房租赁补贴。2009年，全国开始实施大规模公共租赁房等保障性住房建设工程，重庆市计划用3年时间建成3000万平方米公租房，规模相当于一个200万人口城市的住房量。现在，第一批公租房已经开始入住。2011年已经实现开工建设1000万套保障房的目标，2012年还将建设700万套以上的保障房。

第七章　致力实现"中国梦"

一、组建新一届中央领导集体

有没有一代成熟的中央领导集体，是至关党兴衰存亡的大问题。从1921年中国共产党成立到1935年遵义会议召开前的14年间，全党并没有形成一个成熟的中央领导集体及其核心领袖，虽然党的事业也取得了一些成功，但更多的是失败和挫折。遵义会议上，以毛泽东为代表的正确路线在党中央赢得了领导地位，党的第一代中央领导集体逐步形成、发展、稳固，极大地推动了中国革命进程，仅用了14年时间即于1949年创建了中华人民共和国，取得了社会主义革命的巨大胜利。到1976年毛泽东逝世，第一代中央领导集体走向终结时，因为毛泽东最后选定的接班人华国锋坚持"两个凡是"，致使"文化大革命"宣告结束后仍然"左"雾弥漫，中国前程未卜。值此危难之际，邓小平再次崛起，于十一届三中全会上实现了第一代领导集体向第二代领导集体"迟到的交接"。

以邓小平为核心的第二代领导集体拨正了中国前进的航向，开创了有中国特色社会主义建设道路，中国改革开放和社会主义现代化建设事业蓬勃发展。1989年，享有崇高威望的邓小平从党的事业和国家的前途命运的大局出发，毅然决然地从核心领导岗位上退下来，于十三届四中、五中全会上实现了向以江泽民为核心的第三代领导集体的正常交接。2002年十六大上，声誉正高的江泽民和邓小平一样，带头践行党和国家领导干部退休制度，推举年富力强的胡锦涛接班，并于十六届四中全会顺利完成了向新一届中央领导集体的制度化交接。2012年十八大上，胡锦涛也从党和军队最高领袖的位置上干脆利落地退下来，交班给习近平，实现了向新一届中央的常态化交接。纵观中国共产党九十多年的历史，完全有理由讲，党的历代中央领导集体的确立、稳固及其顺利交接，是中国革命建设改革获得成功的根本保证。

二、提出全面建成小康社会宏伟目标

从2002年十六大提出全面建设小康社会，经2007年十七大对全面建设小康社会宏伟目标作出全面部署，夺取了全面建设小康社会的新胜利。也就是说，经过十年的小康社会的全面建设，到2012年十八大召开时取得了一系列新的历史性成就，"我国经济总量从世界第六位跃升到第二位，社会生产力、经济实力、科技实力迈上一个大台阶，人民生活水平、居民收入水平、社会保障水平迈上一个大台阶"，这为全面建成小康社会打下了坚实基础。有鉴于此，十八大确立的主题是"高举旗帜"、"坚定道路"、"全面建成小康社会"，明确提出了在中国共产党成立一百年时实现全面建成小康社会的宏伟目标。大会提出，"根据我国经济社会发展实际，要在十六大、十七大确立的全面建设小康社会目标的基础上努力实现新的要求。"即经济持续健康发展，人民民主不断扩大，文化软实力显著增强，人民生活水平全面提高，资源节约型、环境友好型社会建设取得重大进展。

三、早日实现现代化和民族复兴"中国梦"

（一）现代化是党长期奋斗的永恒主题

现代化是中国人民在19世纪中叶以后梦寐以求、为之不懈奋斗的目标。一百多年来，无数仁人志士为此艰辛求索，前仆后继，终于打开了中国社会迈向现代化的闸门。为实现民族独立、人民解放和国家繁荣富强、人民共同富裕这两大历史任务，中国共产党开创了具有中国特色的革命和建设道路，不断推进着中国社会主义现代化的历史进程。这是我党长期奋斗不懈追求的永恒主题，也是实现中华民族伟大复兴的重要目标。

以毛泽东为核心的第一代领导集体，明确提出了把我国建成农业、工业、国防和科技现代化的社会主义国家的宏伟目标。在建设"四化"强国的宏伟目标指引下，全党和全国人民自力更生，艰苦创业，社会主义建设取得了伟大成就，逐步建立了独立的比较完整的工业体系和国民经济体系，这为我党正确制定社会主义初级阶段经济发展战略奠定了基础。以邓小平为核心的第二代领导集体，在毛泽东对中国现代化道路的成功探索和严重失误的基础上，从反思"什么是社会主义，怎样建设社会主义"这一根本问题入手，对"中国式的现代化"道路进行了创造性的探索与回答，特别是明确提出以"三步走"的战略构想作为中国逐步实现现代化的发展步骤。邓小平开创的中国特色社会主义现代化道路是中华民族历史上的一个伟大创举，它使中国社会面貌发生了巨大变化，综合国力空前提高，人民生活水平显著改善，中国的国际声誉和地位有了前所未有的提高。

十三届四中全会后，以江泽民为核心的第三代领导集体高举邓小平理论的伟大旗帜，为早日实现社会主义现代化的宏伟目标，确立和制定了一系列战略方针和政策。十四大将"三步走"的战略目标进一步明确化，十五大更加明确地提出了"新三步走"的发展战略。十六大指出："我们要在本世纪头二十年，集中力量，全面建设惠及十几亿人口的更高水平的小康社会"，"经过这个阶段的建设，再继续奋斗几十年，到本世纪中叶基本实现现代化，把我国建成富强民主文明的社会主义国家"。胡锦涛在十七大上提出，全党要"为夺取全面建设小康社会新胜利而奋斗"。十八大报告则进一步提出，"为全面建成小康社会而奋斗"是全党的更高目标。目前，全国人民在"中国梦"理论的引领下，正快马加鞭，朝着富强民主文明和谐的社会主义现代化目标奋进。

（二）民族复兴是全中国人民的最高理想追求

在人类历史发展长河中，中华民族曾有长期雄踞世界民族之林的辉煌。但自18世纪中叶英国抢先开启以工业化为核心的现代化进程以后，中华民族明显落伍了。特别是1840年鸦片战争后百年间，中国逐步沦为半殖民地半封建社会，在世界格局中的地位一落千丈。为实现民族独立和国家富强，一代又一代的中华儿女不懈奋斗，直到1921年中国共产党成立，中国人民才真正踏上民族复兴的伟大征程。实现中华民族伟大复兴是中国共产党义不容辞的历史使命，中国共产党是中华民族实现伟大复兴的坚强领导核心。可以说，中国共产党和中华民族伟大复兴历史地紧密联系在一起。

"诞生于20世纪20年代初国家衰弱、民族危亡之际的中国共产党，从一开始就肩负着实现中华民族伟大复兴的庄严使命"，"党从成立那一天起，就是中国工人阶级的先锋队，同时是中国人民和中华民族的先锋队"。"一代又一代中国共产党人团结和带领中国人民在艰难困苦中奋起，在艰辛探索中前进，创造了人类历史上辉煌的伟大业绩。在新民主主义革命时期，我们党团结和带领全国各族人民完成民族独立和人民解放的历史任务，为实现中华民族伟大复兴创造了前提。新中国成立后，我们党创造性地完成由新民主主义到社会主义的过渡，实现了中国历史上最伟大最深刻的社会变革，开始了在社会主义道路上实现中华民族伟大复兴的历史征程。十一届三中全会以来，我们党找到建设中国特色社会主义的正确道路，赋予民族复兴新的强大生机。十三届四中全会以来，我们党把中国特色社会主义事业全面推向前进，中华民族的伟大复兴展现出更加灿烂的前景。"

十六大以来，以胡锦涛为的党中央继续坚定地追求"中华民族伟大复兴"的宏伟目标，在新的历史起点上坚持和发展了中国特色社会主义，"十年来，我们取得一系列新的历史性成就"，"国家面貌发生新的历史性变化"。十八大以来，以习近平为总书记的新一届中央更加明确地提出了以实现社会主义现代化和中华民族伟大复兴为基本内核的"中国梦"的美好愿景。"实现中华民族伟大复兴"是历史赋予中国共产党历代中央领导集体的光荣使命，特别是新一届中央领导集体的清醒共识和纲领性口号。这一响亮口号充分体现了广大人民群众的共同心愿，秉承了一百多年来为振兴中华贡献智慧乃至流血牺牲的无数志士仁人的梦想与夙愿，必将进一步凝聚全党和全国各族人民的智慧和力量，鼓舞中国人民追求更加美好的生活，为早日实现民族复兴"中国梦"而努力奋斗。